JN292480

中国語教育とコミュニケーション能力の育成

「わかる」中国語から「できる」中国語へ

胡玉華 著

東方書店

序

　わが国における中国語教育は長い歴史を有し、さまざまな成果をあげてきた。しかし、ここ数年来、国内外から多重の圧力を受けて、その流れは大きく変化しつつある。旧来の伝統的枠組みに依るだけでは解決しにくい幾多の問題が浮上しており、それに対応するための新たな中国語教育学の構築が求められていると言ってよいだろう。

　たとえば内圧のひとつとして、大学における英語以外のいわゆる第2外国語の教育体制が縮小化している現状を挙げることができる。1997年1月に実施された大学入試センター試験から外国語科目の中に中国語が加わり早くも10年以上の時間を経て、今や国内の各地で約600校の高等学校で中国語が学べるようになっている。にもかかわらず、大学のカリキュラムからは外国語科目・中国語の授業が削られ、中級レベルひいては初級レベルの開講さえ危ういという悲鳴に似た憂いの声が聞こえてくる。中国との接触交流がいやおうなく広がり深まってゆく社会情勢にあって、本来ならば中国語の教育はよりいっそう重視されるべきはずであるが、学習者の数は徐々に減少しはじめ、それがまた教育の場を縮小させてゆく……という悪性循環に陥るのではないかと危惧される。

　外圧の一例としては、2005年7月に北京で開催された"世界汉语大会"以来、中国が国策的戦略として推し進めている中国語の全世界普及政策を挙げることができる。現時点で世界各地に約350校、日本国内にも10校を超える孔子学院・孔子学堂が設立運営され、既存の中国語教育諸機関と競合共存するかたちで、それぞれ独自の中国語および中国文化の教育を始

めている。わが国のように早くから中国文化に親しみ、中国語を教え学ぶ条件も十分に整っている地域において、新来の孔子学院はすでに長い歴史をもつ中国語教育界にどのように根をおろし、日本の中国語教育に対してどのような機能を果たしてゆこうとするのか。このようなソフト・パワーに対して、いたずらに排他的になることなく冷静にこれを見守り必要に応じて助言や協力をしてゆく必要があるだろう。また、世界各地で中国語を学んでいる大学生や高校生を対象とした国際的規模の中国語スピーチ・パフォーマンスコンテスト"《汉语桥》世界大学生、中学生中文比赛"が毎年開かれ、日本の中国語教育の成果が問われ始めている。振り返って、果たしてわたしたちは世界の舞台で通用するだけのレベルに達した学習者を育てあげてこれたであろうか。

　日本において中国語の教育と研究に携わるわたしたち教員は、このような内外の圧力やさまざまな要因によって惹き起こされつつある中国語教育を取り囲む環境の激変を看過することなく、適確にこれに対処し、今後わが国にとって更に重要となる中国語教育の新たな歴史を切り拓いていかなくてはならない。

　まさにそのような"关键时刻"を迎えた今、胡玉華さんの長年にわたる研究成果が『中国語教育とコミュニケーション能力の育成──「わかる」中国語から「できる」中国語へ』として1冊にまとめられ東方書店から上梓されることは、まことに時宜を得た快事として、その刊行を喜びたい。

　胡玉華さんは、来日留学後に修めた教育心理学に関する学問的蓄積を自らの母語である中国語の教育と研究に活かしている稀有な存在である。『中国語教育』第5号と第6号（中国語教育学会、2007年3月、2008年3月）において両号ともに巻頭を飾った連作論文「コミュニケーション能力の育成を目指した中国語教育──その理論及び実践例」と「コミュニケーション能力の育成を目指した授業づくり──中国語授業における『場面付き学習』の試み」は、本書へとつながる一貫した問題意識を体現した優れた研

究であった。その問題意識とは、胡さん自身のことばを借りて言えば、以下のようなものである。

> ……だが、コミュニケーションがなりたつためには、外国語の発音・文法・語彙といった「言語知識」だけでなく、さらにコミュニケーションの場面で言語知識を生かす「応用能力」の獲得が必要となる。「何年も習ったのにちっとも役に立たない」という恨みがしばしば学校の外国語教育に向けられるのも、おそらくこのことと無関係ではない。(略)学校の外国語教育は決して「役に立たない」ことをやってきたのではない。コミュニケーションのためには、発音も語彙も文法もみな必要である。これまでは、ただ、それを実際の必要と場面にあわせて「役に立てる」訓練が欠けていたのである。とくに中国語教育の場合、進展いちじるしい英語教育や日本語教育の分野に比べ、この問題への対応がとりわけ遅れているように思われる。(本書前書きより)

これは日本の中国語教育が長年抱え続けてきた問題点についての核心を突いた指摘であり、わたし自身を含め、すべての中国語教員が虚心坦懐に受けとめるべきことばではないだろうか。

　本書は、上に引いたような問題意識を研究の出発点にして、中国語学習者のコミュニケーション能力を育成するために必要な理論とその実践方法を以下のような構成によって詳述した好著である。
　まず第1章から第2章までの理論的な記述においては、著者胡玉華さんの専攻分野である教育学に関する該博な知識を存分に援用しながら「外国語教育の目的・内容・方法」を明確に整理したうえで、現在日本の教室で広く用いられている数種類の中国語教科書のシラバスが検討されている。また、旧来の文法訳読教授法、直接教授法、オーディオリンガル教授法の長短が分析され、これら伝統的な教授法に対して学習者の能動性を引き出すための建設的な提言がなされている。
　第3章では、世界各地の外国語教育に大きな影響を与えたヨーロッパの

CEFR（『言語の学習・教育・評価のためのヨーロッパ共通フレームワーク』欧州協議会、2001年）やアメリカのN. S.（National Standards『21世紀のための外国語学習の目標』アメリカ外国語教育協会、1996年など）の紹介に並んで、わが国の『高等学校の中国語学習のめやす（試行版）』（財団法人国際文化フォーラム、2007年）も革新的なガイドラインとして取り上げられている。これは2007年5月に中国語教育学会と高等学校中国語教育研究会が初めて合同で開催した記念すべき全国大会の国際シンポジウムにおいて参会者にお披露目されたものである。

　ちなみにここで贅言を費やせば、このような外国語教育をめぐる新たな動きは地域国情や教育環境を越えて相互連鎖的に刺激し合うもので、中国においても、本書で紹介されている《高等学校外国留学生汉语教学大纲》（中国国家对外汉语教学领导小组办公室、2002年）などシリーズ数冊の後を追って、次のようなガイドラインが2007年の秋から陸続と公刊されていることは、この分野で注目に値する最新の動向である。幸いわたし自身も上記『高等学校の中国語学習のめやす（試行版）』には大学教員としての立場から、そして下記の中国版スタンダード作成には日本人教員としての立場から、それぞれの編集作業に参加して意見を述べる機会を得たが、これらの作業に参加した経験は、中国語学プロパーの研究によって得られた理論的な知見を教育の場で適宜応用すればよかろう、というような単純で天真爛漫な発想に縛られていたこれまでのわが身を猛省するきっかけとなったことを告白せねばならない。これら内外のガイドラインを通じて、中国語教育におけるパラダイム転換の必要性を身をもって痛感させられたと言ってよいだろう。

《国际汉语教师标准》（国家汉语国际推广领导小组办公室、2007年10月、外语教学与研究出版社）

《国际汉语能力标准》（国家汉语国际推广领导小组办公室、2007年11月、外语教学与研究出版社）

《国际汉语教学通用课程大纲》（国家汉语国际推广领导小组办公室、2008年3月、外语教学与研究出版社）

これに続く第4章から第7章までの実践的な方法論については、主としてコミュニカティブ・アプローチに依拠しつつ、それを応用して教育現場で実践するための言語ゲームやロールプレイ、シナリオプレイ、シミュレーションなどの教室活動や教材づくり、「場面つき学習」による文法指導法などが具体的に紹介されており、さっそく明日の授業から使えそうなヒントが豊富に示されている。また、多くの日本人学習者にとって習得上一番の難点になりがちな音声面の教育を補強する方法として音声依拠型音読法とシャドーイングが紹介され、具体的なデータ分析によってその有効性が述べられていることもたいへん興味深い。ただ、わたしにはこの二つの教授法は対象とする学習者の習得レベルによって教育効果が分かれるように感じられる。発音習得が未熟な初級レベル、とりわけ入門レベルの学習者を教育対象とする場合には、彼らの学習意欲を高めつつ、その後も引き続き学習させるための、より有効性の高い教授法が求められよう。

　そして、本書を締めくくる第8章は、教える側の立場から学ぶ側のほうに視点を移して、学習者側の学習ストラテジーが述べられている。学習者にどのようにしてモティベーションを持たせかつそれを維持させるか、これは究極的には学習者の内的動機に帰せられる問題ではあるが、そこに教える側からの働きかけと連動する一面があることは否定できないであろう。

　本書は教授者としての立場のみならず学習者としての立場からも、「わかる」中国語から「できる」中国語への橋渡しを目指そうとする意欲的な研究の成果である。

　日本の中国語教育をより質の高いものへと引き上げ、時代や環境の変化に柔軟に応えてゆくためにも、本書に述べられた主張の多くはわれわれが傾聴するに値するものである。その意味で、日本のさまざまな中国語の教室で教壇に立つ数多くの先生方、そしていずれの日にか中国語の教壇に立つことを目指す人たち、すべての"同仁"にとって、本書がおおいに役立つであろうことをわたしは信じて疑わない。また、わたしのように日本語話者として生まれ育ち「学んで習得した中国語」を教えている教員は言う

まででもなく、本書の著者のように中国語話者として生まれ育ち「自ずと生得した中国語」を日本人学生に教授しておられる先生方にも、ぜひ本書の精神をこれからの授業設計と教室運営に活かしていただきたいと想う。
　そんな願いと想いをこめて、この拙い序文を著者と読者の皆様に捧げる。

2008 年 12 月 17 日
第九届国際漢語教学研討会閉幕の日に
北京国際会議中心にて

古川　裕
（大阪大学大学院言語文化研究科
中国語教育学会会長・世界漢語教学学会副会長）

前書き

　はじめから私事で恐縮だが、昨夏、わたしは両親を日本に招いた。自分にとっては初めての親孝行のつもりだったが、ともに80になる父母にとって、これは初めての異文化体験、日本語学習の機会となった。
　ともかく道に迷っては大変と、わたしはまず最初に、最寄りの駅名、および「○○、どこですか」という簡単な道の尋ね方を教えた。ある日、ちょっとした散歩のつもりで出かけた父は、来たのと同じ大通りを戻るのはつまらないと考え、住宅街の細い裏道を通って帰ろうと思いたった。ところが斜めになっている裏道が、父をとんでもない方向へと導いた。なかなか家に辿りつかないことに気づいた父は、たまたま目にした交番に入り、「ツカモトエキ、ドコデスカ？」と助けを求めた。おまわりさんが地図を出し、「現在地」と「目的地」の間に線を引きながら、とても親切に説明してくれた。書斎でこの本の原稿と悪戦苦闘していたわたしは、その時、そんなことが起こっていようとはまさか夢にも思わなかった。父は1時間半後、ようやく家に帰り着いた。ふだんは決してわたしの仕事を邪魔しない父も、さすがにこの日ばかりはまっすぐ机のそばに来て、わたしに事の次第を報告した。日本語が通じた喜びと自分のことばで問題を解決した達成感が満面にあふれ、父はわたしに最高の笑顔を見せてくれた。一般の日本語教科書と異なる学習順序であったが、最初におぼえた日本語がたまたま最初に役に立ったのであった。これは、はからずも「特定の目的のための日本語教育」（JSP：Japanese for specific purposes）——すなわち「一般的目的のための日本語教育」（JGP：Japanese for general purposes）でなく学習者の個別的ニーズに合った教育実践——の成功例となった。

これで自信をもった父は、自分からいろいろな日本語表現を尋ねるようになった。ある日、犬の散歩から帰って来た父は、走り回ったワンちゃんが通行の人に迷惑をかけたのではないかと心配して、"対不起"にあたる日本語を教えてほしいとわたしに言った。日本語には「謝り」の表現がとても豊富である。だが、ひらがなだけのことばは、父にはかえっておぼえにくい。そこでわたしは「失礼」という表現を教えることにした。中国語の漢字が手がかりになり、父にも思い出しやすいと考えたからである。翌日、犬を連れて散歩していた父は、若い女性に道を聞かれた。当然さっぱりわからない父は、"対不起"のつもりで「失礼、失礼」と相手に頭を下げたという。「これでよかったね」と父から得意げに聞かれたとき、わたしは「場面」抜きの外国語学習のリスクをつくづく思い知らされる結果となった。

　外国語を学ぶ意義が、コミュニケーション能力の獲得にあることは言うまでもない。とりわけ地理的に近く、経済的な相互依存の関係を深めている中国と日本の間で、共通の利益の確保のため、あるいは共同の問題解決のため、ことばによる理解と交流がどれほど重要かはあらためて論ずるまでもない。だが、コミュニケーションがなりたつためには、外国語の発音・文法・語彙といった「言語知識」だけでなく、さらにコミュニケーションの場面で言語知識を生かす「応用能力」の獲得が必要となる。「何年も習ったのにちっとも役に立たない」という恨みがしばしば学校の外国語教育に向けられるのも、おそらくこのことと無関係ではない。コミュニケーション能力の獲得という、本来ならば自明であるはずの外国語学習の意義が、近年ことさら強調されるようになっているのは、これまでの外国語教育がその目的を果たしていないという事実――少なくとも社会がそう断定しているという事実――を反面から表すものではなかろうか。だが、学校の外国語教育は決して「役に立たない」ことをやってきたのではない。コミュニケーションのためには、発音も語彙も文法もみな必要である。これまでは、ただ、それを実際の必要と場面にあわせて「役に立てる」訓練が欠けていたのである。とくに中国語教育の場合、進展いちじるしい英語

教育や日本語教育の分野に比べ、この問題への対応がとりわけ遅れているように思われる。本書はそうした問題意識から、中国語教育における学習者のコミュニケーション能力育成の問題について、その理論および実践方法の検討を試みたものに外ならない。

　本書は全8章から成る。第1章では、中国語教育の「目的」「内容」「方法」「目標」について一般的問題を論ずる。そして、コミュニケーション能力を育成するために、我々教育者が直面している「なに」を「どう」教えるかの問題を具体化させ、「わかる」力とともに「できる」力の育成を、という視点を立てる。これが全書を展開する「軸」となる。

　第2章・第3章では、文法訳読教授法・直接教授法・オーディオリンガル教授法など、これまでの中国語教育に影響を与えてきた代表的な――中国語ふうにいえば「経典」的な――外国語教授法の特質を再検討し、「わかる」力の育成におけるその成果と、「できる」力の育成の欠如という問題を指摘する。そのうえで、これまでの「わかる」中国語教育をこれからの「できる」中国語教育へ転換させるために必要な新しいコンセプト、および他国の成功例などを紹介する。

　第4章・第5章では、「できる」力の育成に効果的とされるコミュニカティブ・アプローチを紹介・分析し、さらに、コミュニカティブ・アプローチが提唱する種々の教室活動、すなわち、言語ゲーム・タスク・ロールプレイ・シナリオプレイ・シミュレーションなどを取り上げて、その効用・展開方法・実施上の留意点などについて、具体的な実践授業の例を踏まえつつ紹介・説明する。

　「できる」力はもちろん「わかる」力を前提としている。つまり、「できる」力と「わかる」力の育成は、決してそれぞれ孤立した教育過程ではなく、むしろ不可分の一過程というべきである。ちょっとした工夫をすれば、「わかる」ための教育を「できる」力の育成に結びつけることができる。そこで第6章・第7章では、通常「わかる」力の育成を目的とする文法・発音学習の授業を、「できる」力の育成につなげる工夫を紹介する。

　以上、第7章までの論議は、ほとんど「教える」側の視点からの考察で

あった。だが、「教える」ことはあくまで教授―学習過程の1つの側面であって、学習者側の「学ぶ」という行為がなければ、「教える」ことの意味もなくなる。そのため、第8章では、「できる」力の育成に関連する学習者の学習ストラテジーの問題を実験データを踏まえて論じてみる。

　本書では、中国語教育における「できる」力の育成のために、主にコミュニカティブ・アプローチをベースとした種々の指導法を検討する。だが、それは決してコミュニカティブ・アプローチを万能な教授法として顕彰し、文法訳読教授法・直接教授法・オーディオリンガル教授法など「経典」的教授法を過去のものとして否定し去ろうとするものではない。
　近年、第二言語習得や学習心理など言語教育の関連分野の研究が発展し、さらに学習者の多様化も進んでいる。その結果、いかによく研究された教授法であれ、従来のようにある特定の言語理論や学習理論によって開発された1つの「教授法」に全面的に依存することは、すでに現実的でなくなっている。学習者自身の学習目的の達成を重視しつつ、従来の教授法を改変しながら柔軟に応用したり、複数の教授法を適宜くみあわせて活用したりするべき時代がやってきている。このような時代の中、我々教育者が、いかに伝統的な教授法を熟知しながら、個々のニーズに応えるための新しい教授法を編成し、それを具体的な教育状況に応じて使いこなしてゆくかということこそが現代の外国語教育の課題である。本書がそうした探求の1つの踏み台になれば幸いである。

中国語教育とコミュニケーション能力の育成
―― 「わかる」中国語から「できる」中国語へ

目　次

序　i

前書き　vii

第1章　「なに」を「どう」教えるかについての問題 ——————— 1
  1.1　目的・内容・方法　2
  1.2　内容：構造・意味・機能　5
  1.3　方法：アプローチ・メソッド・テクニック　16
  1.4　目標：「わかる」力・「できる」力　20

第2章　中国語教育を省みる ——————————————— 25
  2.1　中国語教育に影響を与えた外国語教授法　26
    2.11　文法訳読教授法　26
    2.12　直接教授法　27
    2.13　オーディオリンガル教授法　28
  2.2　「わかる」中国語教育の確立　30
    2.21　文法訳読教授法の貢献　30
    2.22　直接教授法の貢献　31
    2.23　オーディオリンガル教授法の貢献　32

2.3 「わかる」中国語教育の問題点　34
　　2.31　何を「わかる」ようになるのか　34
　　2.32　何のために「わかる」ようになるのか　40

第3章　「できる」中国語教育を目指す ── 47

3.1 「できる」中国語教育の目標　48
3.2 「できる」目標を目指す世界の動き　51
　　3.21　欧州　52
　　3.22　中国　55
　　3.23　日本　56
　　3.24　アメリカ　58
3.3 「できる」目標を実現するためのコンセプト　63

第4章　「できる」力の育成と
　　　　コミュニカティブ・アプローチ ── 67

4.1 コミュニカティブ・アプローチの誕生　68
4.2 コミュニカティブ・アプローチによる授業の本質　69

第5章　「できる」中国語を目指すための教室活動 ── 79

5.1 疑似コミュニケーション活動：言語ゲーム　81
5.2 機能的活動：タスク　88
5.3 社会的相互活動：その1　ロールプレイ　95
5.4 社会的相互活動：その2　シナリオプレイ　110
5.5 社会的相互活動：その3　シミュレーション　113

第6章 「できる」力につながる「わかる」授業の工夫 ──文法の指導 ─────────────── 125

- 6.1 「わかる」教育とともに行う「できる」教育の可能性　127
- 6.2 文法指導における「場面つき学習」の提案　129
    - 6.21 「場面つき学習」の理論根拠　129
    - 6.22 「場面つき学習」を用いた実践授業　132

第7章 「できる」力につながる「わかる」授業の工夫 ──音読・シャドーイングの指導 ───────── 143

- 7.1 音読の指導　144
    - 7.11 音読の効用　144
    - 7.12 「音声依拠型」音読方法の提案　145
    - 7.13 「音声依拠型」音読の指導の実践　147
- 7.2 シャドーイングの指導　149
    - 7.21 シャドーイングの効用　149
    - 7.22 シャドーイングの指導手順および留意点　152

第8章 「できる」力に関与する学習ストラテジー ─────── 155

- 8.1 言語学習ストラテジーの種類　156
- 8.2 メタ認知ストラテジーを生かした学習　158
    - 8.21 メタ認知ストラテジーの機能　158
    - 8.22 「できる」力の育成へのチェッキング・ストラテジーの利用　160
- 8.3 認知ストラテジーを生かした学習　163
    - 8.31 文法学習における認知ストラテジー　163

8.32 文法学習における「仮想的教示」ストラテジーの提案　165
8.4 社会・情意ストラテジーを生かした学習　167
8.41 動機づけの重視　167
8.42 授業中のフィードバックの工夫　172

後書き　177

索引　179

第1章

「なに」を「どう」教えるかについての問題

1.1 目的・内容・方法

「中国語を教える」という行為は、①「なにを教えるか」、②「どうやって教えるか」という2つの側面に分けて考えることができる。その前に、「なんのために中国語を教えるか」という「教育目的」が、「なにを教えるべきか」という「教育内容」の決め手となり、また、「どう教えるべきか」という「教授方法」選択のカギともなる。

```
         ┌ → （なにを教えるか） → 教育内容の問題
  目的 ┤                              ↓
         └ → （どう教えるか）  → 教授法の問題
```

世の中にはさまざまな外国語の教授法、あるいは教え方が存在している。どの教え方も、各時代のニーズに応じ、その時代の言語学や言語学習理論を背景として必然的に生まれ、かつ一定の教育効果をもたらしてきたと言える。我々がよく知っているいろいろな外国語教授法の誕生の歴史は、まさに上述のような「目的・内容・方法」の間の相関関係の変遷の歴史であったと言うことができる。

まず、ラテン語教育に由来し、外国語教育の歴史において最も古く、かつ最も長く採用されている「文法訳読教授法」（Grammar Translation Method）を取り上げて説明したい。18世紀、ヨーロッパの共通語がラテン語から英語・ドイツ語などへ変化したことにより、現実の生活の中でラテン語を使う機会はほとんどなくなった。そのため、ヨーロッパの学習者にラテン語を教える目的は、日常生活の中でラテン語によるコミュニケーションをすることではもはやない。そこで、現実に使われていない言語こそ抽象的な特質を持っており、したがって、そのことばの複雑な文法ルールを理解し、正確に翻訳することは、頭脳の訓練につながるに違いないと考えられるようになった。そこにおいて、外国語学習は一種の知能訓練と

考えられ、外国語の文法の学習を通して、学習者に母語の文法に対する理解を深めさせ、分析能力をつけ、その知的成長に寄与するということが外国語としてのラテン語教育の目的とされた。その目的を達成させるために、教える内容としては、厳密な文法規則および修辞手法を踏まえた優れた表現力を持つ古典文学の作品が選ばれ、教え方としては、古典文学を鑑賞する過程において、教師による文法の解説や文章の翻訳および解読が行われた。このような流れから文法の解説および文章の訳読を中心とする教授法――「文法訳読教授法」が生まれたのである。

　時代が19世紀になると、ヨーロッパ諸国では、産業革命や交通機関の発達につれて、国境を越えた人的・物的な交流が盛んになり、外国語によるコミュニケーションをするニーズおよび機会が増えた。そのため、文学鑑賞や知的訓練よりも、話しことばとしての外国語を身につけることが外国語学習の目的とされるようになった。このような実用的な目的に応えるため、外国語教育の内容は、文学作品より文法規則を中心に作られた「ダイアローグ」へ変化し、外国語教育の方法においても、「文法訳読教授法」に代わって、「聞く」と「話す」を重視する教授法が相次いで誕生した。例えば、幼児が母語を覚えるのと同じように自然な状態で目標言語と接触させることを強調するナチュラル・メソッド（Natural Method：自然主義教授法）、音声記号を用いた系統的な音声指導を強調するフォネティック・メソッド（Phonetic Method：音声学的教授法）、「読む」「書く」という技能より「話す」「聞く」という技能の習得を強調するオーラル・メソッド（Oral Method：口頭教授法）、媒介語を使わずに目標言語を直接に教えることを重視するダイレクト・メソッド（Direct Method：直接教授法）、などである。

　それまでの外国語教授法は、主にヨーロッパを中心に提唱され、発展してきたが、20世紀になると世界の中心がアメリカに移り、アメリカでいろいろな科学的理論を基盤にした教授法が開発されるようになった。例えば、第二次世界大戦中、アメリカでは、軍事目的のために情報収集や通訳活動を行う人材を短期間に養成しなければならなくなった。その「短期間・高効率」の目的に応じて開発されたのが、アーミー・メソッド

（ASTP、Army Specialized Training Program：陸軍特別訓練プログラム）である。アーミー・メソッドでは、①短期間の集中授業（通常の１学年あるいは１学期ではなく、90日程度の期間）、②少人数のクラス授業（通常の多人数の規模ではなく、10人程度の小クラス）、③実用的な構文の学習（通常の文学作品ではなく、文法規則を中心に作られた会話文）、④徹底した口頭練習（通常の文章の講読ではなく、「聞く」「話す」練習を重視）、などを特徴としている（小林、1998）。

アーミー・メソッドが優れた教育効果をもたらしたため、第二次世界大戦後、ミシガン大学のFries, C. C.がアーミー・メソッドを受け継ぐ形で、構造言語学と行動主義心理学を背景に、オーディオリンガル教授法（AL法、Audio-Lingual Approach）を確立した。そのため、オーディオリンガル教授法は、ミシガン・メソッド（Michigan Method）、フリーズ・メソッド（Fries Method）とも呼ばれる。また、オーディオリンガル教授法では、模倣（mimicry）と記憶（memorization）を主とする口頭練習を重要視するため、この教授法は、オーラル・アプローチ（Oral Approach）とも呼ばれる（小林、1998）。

60年代後半になると、外国語教育の効率を向上させるという目的は変わらないが、当時の認知心理学の理論、心理療法の技術、大脳生理学の理論の影響を受けて、言語学習を工場での生産にたとえるオーディオリンガル教授法の発想や、学習者の個性を無視し、機械的な作業にこだわるその方法が批判されるようになった。最も人間的な活動である言語学習が、人間の思考力や情緒の側面を無視し、真に効率的に行われるはずがないと考えられ、かくして、各種の理論を基盤としたいろいろな新しい外国語教授法が誕生していった。例えば、学習者自身の気づき、学んでいく能力を重視するサイレント・ウェイ（Silent Way）、教師がカウンセラーのように学習者の自立を助けることを強調するコミュニティ・ランゲージ・ラーニング（CLL、Community Language Learning）、学習者の心理的障壁を取り除き、彼らの潜在能力を引き出すことを強調するサジェストペディア（Suggestopedia：暗示式教授法）、言語（音声）と動作（意味）を結び付けさせることを強調するトータル・フィジカル・レスポンス（TPR、Total

Physical Response：全身反応教授法）、などである。

70年代に入ると、これまでの外国語教育がもたらした「文構成能力を持ちながら、伝達能力が不足する学習者がいるという現象」（Johnson & Morrow、1981）が注目されるようになり、そのような現象を無くすために、外国語教育の目的は、文法能力の育成だけではなく、外国語を用いて実際にコミュニケーションをする能力の育成であると考えられるようになった。そのニーズに応えるべく誕生したのが、言語伝達能力を育成することを目指したコミュニカティブ・アプローチ（Communicative Approach）である。コミュニカティブ・アプローチでは、①学習内容において、言語規則より、言語機能が優先される、②教授法においては、学習者を中心とした、タスク、ロールプレイ、シミュレーションなどといった現実の生活に近いコミュニカティブな練習活動が行われるということを特徴とする。

1.2　内容：構造・意味・機能

ことばは3つの側面を持っていると考えられる。それは、①言語を構成するための規則を示す「構造」、②その構造が表す「意味」、そして、③その構造および意味が特定の場面で果たす「機能」、である。

言語の「構造」は「意味」を伝達するために使われるが、それが使われる状況によってその「機能」は変わる。例えば、"真热啊！"という「感嘆文」の表現は、一般的には気候に対するコメント、すなわち「感想を述べる」という機能として使われるが、別の状況では、「挨拶」、あるいは「エアコンの温度を下げてください」という「要請」や「命令」の機能でも使われる。

また、次の例に示したように、異なる構造を持つ言語表現を、1つの機能「あいさつ」（"打招呼"）にまとめることも可能である。

	中国語文	構　造	機　能
①	你好/你早！	（不做语法构造介绍）	あいさつ
②	张老师！/李叔叔！	独词句	あいさつ
③	回来了。/上学啊。	语气助词	あいさつ
④	吃了吗？/上哪儿去？	疑问句	あいさつ

　外国語教育において、学習目的に応じて「なにを教えるか」を決めるとき、第1に考えるべきは、言語のどの側面を強調したいかという問題である。言い換えれば、教えるべきことの一覧表、すなわち、「教授内容の項目」を示すシラバス（syllabus）を作成するために、まず、言語の「構造・意味・機能」という各側面の選択を検討しなければならない。強調したい側面が異なると、シラバスも違ってくる。したがって、強調しようとする言語の側面によって、外国語教育のシラバスは、次のように「構造重視型」「意味重視型」「機能重視型」の3種類に分かれる。

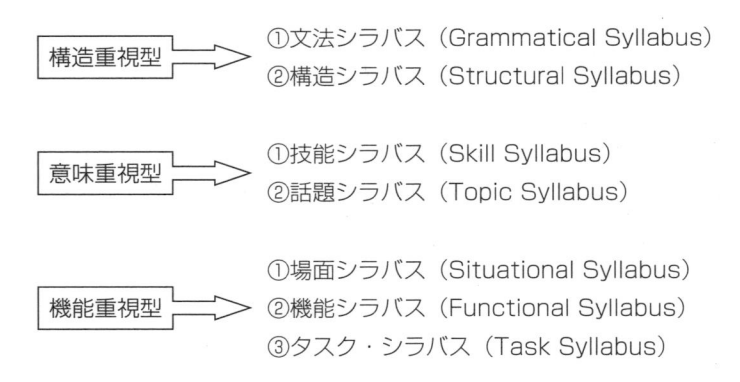

構造重視型　→　①文法シラバス（Grammatical Syllabus）
　　　　　　　②構造シラバス（Structural Syllabus）

意味重視型　→　①技能シラバス（Skill Syllabus）
　　　　　　　②話題シラバス（Topic Syllabus）

機能重視型　→　①場面シラバス（Situational Syllabus）
　　　　　　　②機能シラバス（Functional Syllabus）
　　　　　　　③タスク・シラバス（Task Syllabus）

構造重視型シラバス　「構造重視型」シラバスには、①文法シラバス、②構造シラバスがある。前者では、教えることとして、「文法」が中心に選ばれ、「主語」「述語」「動詞」「動詞と目的語」とか、「判断文」「動作の完了」「動作の進行」「受身文」「使役文」などと文法項目を集めたシラバスが編成される。後者では、教育焦点が「文型」「パターン」の習得に置か

れているため、シラバスには「主語＋"是"……。」「主語＋"不是"……。」"又……又……""越……越……"などの構造パターンが列挙される。

「構造重視型」シラバスには、「易しいことから難しいことへ」と体系的に教えられるという利点があるが、学習の焦点が文法に合わされているため、学習者にとって必要な表現や言い回しがなかなか紹介されないという難点がある。例えば、「動詞重ね型」が導入される前には、日常会話によく使う"等等！""等一等！""等等我！"などの表現ができない。また、文法理解に重点が置かれるため、導入された文がどんな状況で使われるか、学習者に理解できないという問題も指摘されている（高見澤、2004）。例えば、あいさつ用語を教えるときに、"你来了（いらっしゃい）"／"劳驾（すみませんが……）"のように日常用語リストを日本語訳つきで載せている教科書は少なくない。しかし、このような「状況抜き」で、訳文だけに頼った中国文への理解は甚だ不十分である。実際にそれらの用語をサービス業の"欢迎光临（いらっしゃい）"や、謝るときの"対不起（すみません）"と混用する学習者がしばしばあるのである。

日本における中国語教育のテキストは、このような「構造重視型」シラバスによって作られているものが多い。下記の中国語初級のためのシラバスはその典型例である（表1-1）。

表1-1 「構造重視型」シラバスの1例

第1課　人称代名詞・連体修飾・判断動詞
第2課　指示代名詞・疑問文
第3課　動詞・量詞
第4課　形容詞
第5課　場所を表すことば・"在"と"有"
第6課　前置詞
第7課　動作と時間
第8課　完了と変化
第9課　助動詞
第10課　進行・持続・未来

第11課　"是～的"構文・状態補語
第12課　方向補語
第13課　結果補語・複合動詞
第14課　"把"を使った文・可能補語・選択疑問文
第15課　動詞の連用・疑問詞の活用

荒川（2003）より

意味重視型シラバス　「意味重視型」シラバスには、①技能シラバス、②話題シラバスがある。前者は、「聞く」「話す」「読む」「書く」という4技能の訓練の中で、文の構造より、その構造が表す意味を理解させようとするものである。そこでは、学習者が特に必要とする技能について、さらに具体的な教授目的を設定したシラバスが編成される。例えば、「書く技能」を訓練するためのシラバスでは、"写賀卡""写假条""留言""写感謝信""写失物招領告示""写日記""写总結報告"などの内容となる。しかし、現行の中国語教科書では、「意味重視型」シラバスより、「構造重視型」シラバスがほとんどである。例えば、「自分で表現する立場から中国語を捉え直し、さまざまな表現をアクティブに使えるようにすることを目指している」（董・遠藤、2000）という「書く」技能のためのテキストでも、下記のような「構造重視型」シラバスが採られている（表1-2）。

表1-2　「書く」技能を中心にした「構造重視型」シラバスの1例

ユニット1　文の基本的枠組み
第1課　一語文・一句文
第2課　基本構文と主題化
第3課　時間（時点と時間量）
第4課　場所と存在・移動
ユニット2　自分の態度・相手への働きかけ
第5課　疑問・否定
第6課　願望・必要
第7課　命令・依頼・可能

> 第8課　推定・伝聞
>
> ユニット3　事物の性質・様態
>
> 　　第9課　数量表現
>
> 　　第10課　修飾語
>
> 　　第11課　形容詞の程度と動詞の様態
>
> 　　第12課　比較・類似
>
> ユニット4　動作の諸相
>
> 　　第13課　時制とアスペクト
>
> 　　第14課　結果・方向・可能
>
> 　　第15課　二重目的語と対象を表す前置詞
>
> 　　第16課　使役・受け身・"把"
>
> ユニット5　つなぎ方
>
> 　　第17課　仮定・条件
>
> 　　第18課　順序・全称
>
> 　　第19課　原因・目的・逆接
>
> 　　第20課　並列・累加

董・遠藤（2000）より

「意味重視型」の話題シラバスでは、学習者の関心のある話題や社会事情の出来事などを集めてシラバスが編成され、その話題に関連した語彙・表現・慣用語・背景事情などが教える内容となる。中国語中級講読用のテキストはこのようなシラバスによって作られているものが多い。例えば、「毎年出版され、過去1年間の出来事をさまざまな角度から紹介する」（三潴・陳、2007）という『時事中国語の教科書』はこのような「意味重視型」シラバスとなっている（表1-3）。

表1-3　意味重視型シラバスの1例

第1課	世界海抜最高的铁路——青藏铁路
第2課	中国前卫艺术之窥见
第3課	新一代农民工进城不回头

```
第4課   文革：40年后的回忆
第5課   微软在中国
第6課   台湾布袋戏
第7課   中国大学之现状
第8課   大城市花絮
第9課   中国为世界作贡献，却为污染付出高昂代价
第10課  考古二则
第11課  老年人玩不转新功能
第12課  中国的日本人博客
第13課  中国老百姓住哪儿去？
第14課  快到奥运了，北京人改了小毛病了吗？
第15課  "四菜一汤"的田螺坑土楼群
第16課  《冰点周刊》事件说明了什么？
第17課  一花难表全中国
第18課  中国人说
```

三潴・陳（2007）より

機能重視型シラバス　「機能重視型」シラバスには、①場面シラバス、②機能シラバス、③タスク・シラバスがある。場面シラバスでは、学習者のコミュニケーションを行う必要性の高い場面（状況）を集めて、シラバスが作成され、各場面で必要とされる表現や語彙が、難易度の順に関わらず紹介される。例えば、留学の状況を設定した中国語中級テキストは、遭遇する可能性の高い以下の場面を想定している（表1-4）。

　場面シラバスは、限定された場面でのコミュニケーション能力を短期・集中的に学習する必要のある学習者には向いているが、「易しいものから難しいものへ」、教育を体系的・段階的に進めていくことができないと指摘されている（高見澤、2004）。

表 1-4 「機能重視型」シラバスその 1：場面シラバスの 1 例

```
第 1 課   入国手続き（入境）
第 2 課   申請書（申请表）
第 3 課   新しい友達（新朋友）
第 4 課   人を訪ねる（访友）
第 5 課   道を聞く（问路）
第 6 課   自転車（自行车）
第 7 課   バス（公共汽车）
第 8 課   タクシー（出租车）
第 9 課   旅（旅行）
第 10 課  宿泊（旅馆）
第 11 課  銀行（银行）
第 12 課  買い物（买东西）
第 13 課  郵便（在邮局）
第 14 課  電話（电话）
第 15 課  学校の食堂（食堂）
第 16 章  外での食事（饭馆）
第 17 章  ホームパーティ（家宴）
第 18 章  お茶・タバコ・酒（茶・烟・酒）
第 19 章  映画をみる（看电影）
第 20 章  公演をみる（看演出）
第 21 章  ダンス（舞会）
第 22 章  観光旅行（旅游）
第 23 章  病気の治療（看病）
第 24 章  天候と健康（天气和健康）
第 25 章  体を鍛える（锻炼）
```

邱（2004）より

　機能シラバスは、言語を機能の面から見直し、その機能を集めて、教えるべき内容を決めるのである。例えば、"我们一起去吃饭吧！"という文を、「語気助詞"吧"の文」と捉えるのでなく、「誘い」（"邀请"）・「提案」（"建

議")の機能をもった表現として分類する。機能シラバスで編纂された中国語テキストは極めて少ない。筆者の管見の範囲では、『说什么和怎么说』（邱、1990）が言語の機能側面を最も重視したテキストであった。このテキストには、以下のようなコミュニケーション機能が取り上げられている（表1-5）。

　機能シラバスは、言語の実際の働きに着目して作られているので、どの項目でも、それを学習すれば、その機能を果たすために最適な表現を学ぶことができる。ただし、文法や構造を体系的に紹介することができないと指摘されている（高見澤、2004）。

表1-5　「機能重視型」シラバスその2：機能シラバスの1例

第1章	あいさつ（问候语）
第2章	紹介（介绍）
第3章	頼み方（请求）
第4章	同意（同意）
第5章	反対（反对）
第6章	意見の述べ方（看法）
第7章	感謝の表し方（感谢）
第8章	すまないとき・あやまるとき（道歉）
第9章	呼びかけ（称呼）
第10章	尋ねる（打听）
第11章	意思表示（意愿）
第12章	可能性があるとき（可能）
第13章	ありえないとき（不可能）
第14章	気に入ったとき（喜爱）
第15章	不満（不满）
第16章	心配（担心）
第17章	思いがけない出来事（意外）
第18章	詰問・非難（责问）
第19章	言いわけ（申辩）

第20章	難しいとき・できないとき（困难）
第21章	慰める（安慰）
第22章	急ぐとき（急切）
第23章	後悔（后悔）
第24章	必要があるとき（必须）
第25章	信じているとき（相信）
第26章	疑い（怀疑）
第27章	願い（愿望）
第28章	仮定（假定）
第29章	比べる（比较）
第30章	ことばをはさむ（插语）

邱（1990）より

　言語の機能はすべてある目的を達成するために使われている。タスク・シラバスは、学習者にある目的を達成する課題（task：タスク）を与えて、自主的にそれを取り組ませることによって、言語を機能的に使う能力を育成する。例えば、「留守電にメッセージを残す」という課題の場合は、状況に即した文案を考え、それを口頭で練習し、最後にクラスで報告する。

　タスク・シラバスは、基本的なテキストや副読本のシラバスとしても使われるが、ほかのシラバスに基づくテキストを使っている授業でも、この発想を生かした実践的なタスク練習が、復習や授業の総まとめの練習として採用される場合がある（高見澤、2004）。

　タスク・シラバスによる中国語テキストはまだないようだが、ここでは、授業後の復習として、タスク・シラバスを生かした例を紹介したい。例えば、『コミュニカティブ中国語　Level 1』（岡田ほか、2007）には、復習のための練習問題として、通常の「日本語から中国語へ」の翻訳作文問題ではなく、学生を具体的な状況の中に置き、実際に自分が言いたいことを想定させ、タスクを解決する機会を与えるという形式の練習問題を提示している。表1-6の例に示した問題はタスク・シラバスの考えを利用したものである。

表1-6 タスク・シラバスを利用した練習問題

課	タスク	機能
6	例にならって、食べ物や飲み物の好き嫌いなどを言ってみてください。 例：我喜欢吃生鱼片，不喜欢吃纳豆。 　　我最喜欢喝红茶。	意思表明
7	例にならって、苦手なことを教えてもらうよう友人に頼んでみてください。 例：我不太会游泳，你能不能教教我？ 　　我英语说得不好，你能教教我吗？	依頼
8	例にならって、相手の電話番号・住所・メールアドレスを教えてもらうように言ってみてください。 例：你的电话号码是多少？ 　　请告诉我你的地址，好吗？	情報収集
9	例にならって、都合が悪くて授業や会議を休みたい時に、友人からその旨を相手に伝えてもらうようお願いしてみてください。 例：我病了，下午的课，替我向老师请假，好吗？ 　　我有事儿，明天的会不能参加，请替我请假，好吗？	依頼
10	例にならって、あなたが普段よくやっている「ナガラ」を言ってみてください。 例：她总是（常常／经常）一边走路一边吃东西。 　　我喜欢一边吃饭一边看电视。	状況説明

岡田ほか（2007）より

　教える内容を示すシラバスは、基本的に以上の3種類である。どのシラバスも言語のある1つの側面を強調しているため、それぞれある特定の目的をもつ学習者に適切である（例えば、中国語検定試験を受ける学習者には「文法シラバス」、これから中国へ旅行する学習者にはいろいろな旅行場面を取り込んだ「場面シラバス」、中国人とビジネスするための学習者には「交渉」「説明」「相談」などを項目とした「機能シラバス」、などなど）。最近の外国語のテキストの中には、単一のシラバスより、構造シラバスと場面シラバス、構造シラバスと機能シラバス、あるいは構造シラバス、場面シラバス、機能シラバスを複合して作られているものもある。例えば、『コミュニカティブ中国語　Level 1』（岡田ほか、2007）は言語のその3つの側面を初級テキストに統合することを試みた例の1つである（表1-7）。

表 1-7　構造・意味・機能を統合したシラバスの 1 例

課	コミュニケーション場面	言語知識（文法項目）	コミュニケーションの機能
0	発音編	発音	①簡単な挨拶 ②自分の名前 ③簡単な教室用語
1	国際交流センターで日本人学生と中国人留学生が初対面の挨拶をする	①判断文 ②副詞 ③構造助詞"的"	①初対面の挨拶 ②自己紹介 ③相手のことを尋ねる
2	教室で日本人学生と中国人留学生が出身・家族について語る	①動詞述語文 ②疑問詞 ③指示詞 ④名量詞	①出身地を語る ②家族構成を語る ③職業を語る
3	大学に行く途中、日本人学生と中国人留学生が大学の生活を語る	①形容詞述語文 ②名詞述語文 ③数量疑問詞 ④語気助詞"吧""呢" ⑤日付・時刻	①日付・曜日の言い方 ②大学生活を語る
4	キャンパス内のベンチで日本人学生が中国人留学生を自宅に誘う	①存在を表す表現 ②場所名詞 ③介詞構文-1	①ものの所在位置の言い方 ②道順の尋ね方
5	日本人学生と中国人留学生が家電量販店で買い物する	①アスペクト助詞"過""着""了" ②選択疑問文	①金額の言い方 ②値段の聞き方 ③過去の経験・完了したことを語る
6	日本人学生と中国人留学生が中華レストランで食事する	①様態補語・程度補語 ②主述述語文 ③助動詞-1 ④動詞の重ね型	①レストランで飲み物・料理を注文する ②食べ物・飲み物の好き嫌いを言う
7	日本人学生と中国人留学生が喫茶店で趣味を語る	①数量補語 ②助動詞-2 ③連動文 ④"是～的"の構文	①趣味・特技を語る ②趣味の腕前を語る
8	日本人学生と中国人留学生が休みの時間に教室で夏休みの計画を語る	①結果補語 ②二重目的語 ③進行相 ④近接未来の表現	①相手の電話番号・アドレスなどを尋ねる ②旅行の計画を語る

9	中国人留学生が学校のロビーで日本人学生の身体の具合を聞く	①方向補語 ②"把"構文 ③介詞構文-2	①病気の人を慰める ②病気の症状を説明する ③病気のため休暇をとる
10	中国人留学生が寮で中国にいる両親に手紙を出す（書面体）	①可能補語 ②比較表現 ③語気助詞"了"	①自分の生活、周りの環境・天気を記述する ②手紙の形式

1.3　方法：アプローチ・メソッド・テクニック

　教え方を論じるために、まず、異なるレベルの3つの概念を区別しておきたい。①特定の言語観や言語学習理論に基づき、教え方の根拠を示すアプローチ（approach：考え方）――教授法理論、②ある教授法理論に基づくメソッド（method：教授法）――指導法、③教授法や指導法を教室で実行するための具体的な手順やテクニック（technique：技術）、である。

　オーディオリンガル教授法を例に、その3つの概念の関係を説明すると、オーディオリンガル教授法の理論根拠は、構造言語学と行動主義心理学の理論であるため、言語学習は母語話者に近い言語習慣を形成していく過程と考えられる。その指導法としては、文型・文法中心の「構造重視型」シラバスが用いられ、模倣練習の繰り返しが推奨される。具体的には、文型に焦点を置いた「置き換え練習」や「応答練習」などのパターン練習の類である。

教授法	オーディオリンガル教授法（AL法）
approach（考え方）	構造言語学＋行動主義心理学の理論
↓	↓
method（教授法・指導法）	構造重視型シラバス＋模倣の繰り返し
↓	↓
technique（技術）	置き換え練習・応答練習・など

　中国語教育の現場では、教授法のアプローチ・メソッド・テクニックに関する知識を知らなくても、あるいは正しい認識をもっていなくても、

我々中国語教育者は、意識的にあるいは無意識的に、何らかの教授法を用いて実践を行っているものである。

例えば、最も一般的な中国語の授業風景を思い浮かべてみよう（図1-1）。

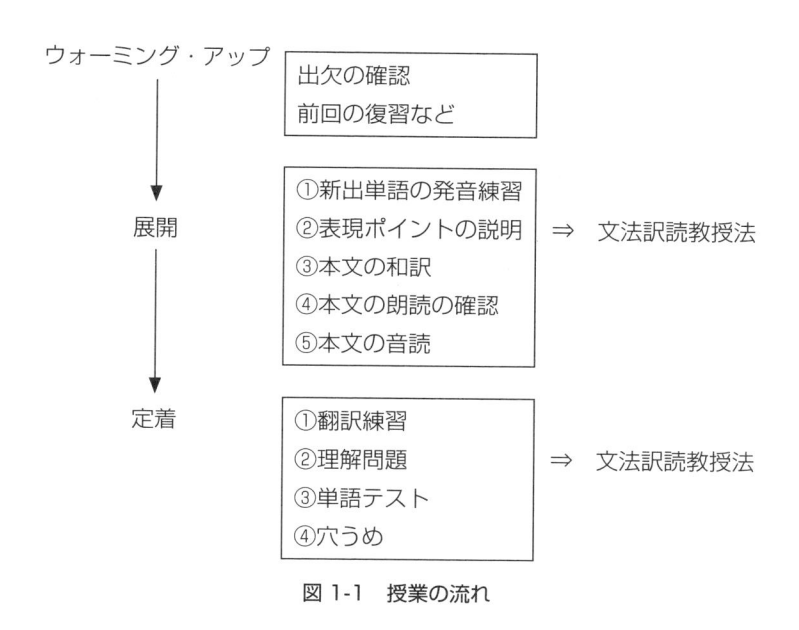

```
ウォーミング・アップ    ┌──────────────┐
       │           │出欠の確認     │
       │           │前回の復習など │
       ↓           └──────────────┘

   展開       ┌──────────────────┐
       │     │①新出単語の発音練習│
       │     │②表現ポイントの説明│  ⇒ 文法訳読教授法
       │     │③本文の和訳       │
       │     │④本文の朗読の確認 │
       │     │⑤本文の音読       │
       ↓     └──────────────────┘

   定着       ┌──────────┐
             │①翻訳練習 │
             │②理解問題 │  ⇒ 文法訳読教授法
             │③単語テスト│
             │④穴うめ   │
             └──────────┘
```

図1-1　授業の流れ

「ウォーミング・アップ」の段階では、教師は出欠の確認や前回の学習内容の復習の後、新しい課を導入する。まず、①その課の新出単語を学習者に発音させて、その後、②その課の文法事項あるいは表現ポイントを説明し、そして、③本文の意味を解説しながら和訳する。最後に、④テープやCDを流してモデルの朗読を確認させてから、⑤本文の音読をさせる。この「展開」の段階では、進行の順序は教師によって異なる場合があるが（例えば、①→③→②→④→⑤の順や、あるいは①→④→⑤→②→③の順で進むケースもよく見うけられる）、内容と展開方法はほぼ同じである。また、学習内容を「定着」させる段階では、通常、採用されるのは以下のような形式の練習である。例えば、①本文の１節を中国語から日本語に翻訳する。

②本文の内容に基づいて質問に答えるという理解問題の練習。③単語の暗記練習。④新出単語や特定の文法項目の語による穴うめ練習。⑤新出単語を用いた自由作文練習、などなどがある。このような授業展開の是非はともかくとして、実は、それらの過程および進行方法は、まさに文法規則の説明・対訳によって文法知識への理解を深めようとする「文法訳読教授法」の「テクニック」の真髄を示している。

　しかし、中国語教育では、こうした外国語教授法の「アプローチ」、およびそれに基づいた「メソッド」を理解し、自覚したうえで、積極的にその「テクニック」を操るということは決して多いとは言えない。高校の中国語教員になるには、中国語教科教授法を含む教職課程を履修することが必須だが（水口、2002）、学習内容、学習者数、学習規模などあらゆる面で日本の中国語教育の先端に立っている大学の中国語教育に携わる教員には、そういった知識を備えることはまったく義務づけられていないのである。

　むろん、中国語の教員が教え方に関心をもっていないわけではない。だが、現実では、なんとなく知っており、なんとなくやってきた、という一種の「経験」に頼ることが多いようにみえる。その「経験」は、おそらく教員自身が学生として外国語を学んだときに行われていた授業形態がベースになっており、それが後に学習者の立場から教育者の立場に変わったときに思い出され、踏襲されてきたものであろう。そのため、ともすると教授法の「アプローチ」への理解不足や「メソッド」「テクニック」への誤解などが生じかねない。

　その1つの表れとして、教授法の具体的な「テクニック」は知っているが、その教授法の根拠となる「アプローチ」には詳しくない、あるいは正しく認識していない、という場合がある。例えば、大学で心理学を専攻していたわたしは、同じ大学で英語を専攻している友人が英語の授業でネイティブの教師に教わる機会があることを羨ましく思っていた。なぜなら、中国語のできないネイティブの教師が中国語を使わずに「生」の「自然」な英語を「直接に」教えるからである。素人でも知っているように、媒介語としての中国語を使わないので、目標言語である英語を大量に、かつ直

接に聞くことが可能になり、次第に話せるようになると考えられる。それが、学習者だったわたしが個人的経験に基づいて、かの有名な外国語教授法「直接教授法」に対して抱いていた認識であった。

　たしかに、媒介語を使わない、口頭での言語の訓練という技術が中心となるので、学習者が目標言語に慣れるのが早く、特にヒアリング・スピーキング能力の育成に向いている、というところは、「直接教授法」の特徴・利点である。しかし、「直接教授法」は実はどんな学習者にも効果的とは限らない。つまり、この教授法の「アプローチ」にも限界があるのである。例えば、①媒介語を使用しないため、学習内容が制限される（例えば、抽象的な意味の語彙は、初級段階では教えることができない）。②媒介語を使用しないため、意味の説明が回りくどくなり、正確に伝わらないこともある。③教師の説明や例文提示のために要する時間が多くなり、学習者の発話時間が減る、などなど。そのため、認知能力が発達した大人に対して子どものように教えるのは、時間的・経済的に無駄であり、一般的に、直接教授法は知的水準の高い成人の初学者には不向きであるという見解がある（小柳、2004）。

　少し前、日本の大学1年生（成人初学者にあたる）に対する「直接教授法」の中国語授業の実践報告があった（楊ほか、2007）。教授―学習前・後のデータが提示されていないため、「直接法による中国語教育の可能性が確認でき、短期かつ集中的な中国語教育にふさわしい教授法として挙げられる」といった結論の是非の判断ができないが、報告の中でもらされた「単語と文型を短時間で大量に覚えさせることが難しい」という問題点は、まさにかねてより指摘されてきた「直接教授法」の限界と一致する。

　教え方におけるもう1つの表れとしては、教師がある教え方の「テクニック」は開発したが、その「テクニック」を支える理論根拠「アプローチ」を明確にしていないという場合がある。例えば、日本中国語教育学会の全国大会（2008）では、多くの教育者が自らの実践経験を報告した。副詞・虚詞・補語を学習する際の映画シーンの利用や、文法項目を導入する際のマンガの利用、などである。それらはいずれも啓発に富むものであったが、そこに、さらに、なぜこの「テクニック」を採用するようになった

のか、この「テクニック」を採用してどこがよかったのか、などの「アプローチ」的研究があれば、「テクニック」は「テクニック」のレベルにとどまらず、さらに普遍化され、より一般性のある「メソッド」にまで上昇できるのではなかろうか。

　最も残念なのは、「テクニック」さえわからない教師がいることであろう。これらの教師は、それがなんのために設けられたかを考えずに、ただ教科書に書かれた「テクニック」にしたがっているだけである。例えば、わたし自身が経験したことだが、ある教科書に下記のような問題があった。それはオーディオリンガル教授法の1つの「テクニック」である「パターン練習」に基づいた「間違い訂正」の練習である。

　　問題：与えられた日本語の意味になるように、間違った表現を正しく直し
　　　　なさい。
　　　　很多人来了銀行。（たくさんの人が銀行に来ました。）
　　正解：銀行里来了很多人。

　大変残念なのは、あるネイティブの教師が、これが「存現文」の学習後のパターン練習であることを意識できず、"很多人来到了銀行"という文を答えとして学習者に示してしまったことである。

1.4　目標：「わかる」力・「できる」力

　認知心理学では、「知識」を知覚的な知識――「宣言的知識」と、行動的な知識――「手続き的知識」に分けて、言語能力だけでなく、すべてのスキルの獲得に関する統一的説明を試みている。宣言的知識（declarative knowledge）とは、科学的法則や社会的規約についての客観的で確定的な認識内容であり、また、手続き的知識（procedural knowledge）とは、宣言的知識をいかに獲得したり、利用したりするかの方法に関する知識である（辰野ほか、1986）。例えば、車の運転ということを考えてみよう。まず、キーを入れる、ブレーキを踏む、キーを回す、……という一連の動作を、最初は宣言的知識として学び、それを何度も繰り返し行うことにより、それが手続き的知識となり、なにも考えずに自動的に操作できるようにな

る。このように、一般的に、知識は最初は「宣言的知識」として獲得され、徐々に自動化され、「手続き的知識」に変わる。

　言語知識の場合、文法などの事実・規則についての知識は宣言的知識に属し、これに対して、実際に話す際に、それらの事実・規則をどう使って行動するかという知識が手続き的知識となる。母語の運用のほとんどは、手続き的知識によって支えられているが、外国語学習の初期段階では、理解・発話などすべての言語活動において、宣言的知識が支配的である。この段階の学習者がよく「考えながらしゃべる」のは、宣言的知識がまだ手続き的知識に変わっていないからである。また、「助動詞」"会"と"能"の違いがテキスト通りに説明できるが、実際に作文するときにその規則の応用ができない学習者も少なくない。これは宣言的知識があっても手続き的知識がないためと考えられる。

　認知心理学の知識に関するこのような分類方法を用いて、学習の目標を検討してみたい。宣言的知識を重視し、「わからなかったことがわかるようになる」ことを求めるなら、知覚的な「わかる」目標となり、いっぽう手続き的知識を重視し、行動的に「できなかったことができるようになる」ことを求めるなら、行動的な「できる」目標となる。この２つの学習目標をさらに中国語教育に活用すると、中国語教育の目標を、学習者の語彙や文法知識の理解・習得という「わかる」力の育成と、これらの知識を実際のコミュニケーション場面で使うという「できる」力の育成に大別することができる。「わかる」力は「できる」力の基礎であるが、「できる」力の実現こそが中国語教育の真の目的であることは疑いない。

　手元に中国語母語話者を対象とした日本語教育研究の例がある（家村ほか、2001）。日本語学習の初期段階では、「〜じゃない」を否定辞のマーカーとしてすべての動詞（例えば、食べるじゃない）や「イ形容詞」（例えば、高いじゃない）の後ろに付加するという傾向がある。しかし、この傾向の出現率はテストの状況によって異なる。つまり、瞬間の判断が必要な場合（聞き取りテスト：問題はテスト用紙に書いてあるが、括弧部分だけは音声で流れ、その部分の文法の正誤を判断させる）では、その出現率が高いが、十分に考える時間が与えられる場合（誤用訂正テスト：問題がすべてテスト用紙

に書いてあり、下線部分の文法の正誤判断をさせる）では、その出現率は低い。

　㈦聞き取りテスト
　　　Ａ：朝ごはんは、毎日食べる？
　　　Ｂ：朝ごはん、（　　　　　　）。音声：食べるじゃない
　　　（　　　）部分の文法の正誤判断：○　×
　㈣誤用訂正テスト
　　　Ａ：朝ごはんは、毎日食べる？
　　　Ｂ：朝ごはん、<u>食べるじゃない</u>。
　　　下線部分の文法の正誤判断：○　×

　この結果から、①「わかる」と「できる」は異なった能力であり、②「高くない」「食べません」を「否定形」の知識として学習し、宣言的知識として習得していても、それが即時的処理を要求する手続き的知識としては習得されていないことがわかる。つまり、「わかる」という段階の宣言的知識があっても、それが「できる」という手続き的知識になっていない場合は実際の運用に結びつかないのである。言語を運用に結びつけるのに、「わかる」から「できる」への橋渡しがいかに重要であるかが理解されよう。次章以後、その橋渡しの方法を具体的に探究してみたい。

【第1章参考文献】

1. 小林ミナ　1998　『よくわかる教授法』　アルク
2. Johnson, K. & Morrow, K.　1981　*Communication in the classroom.* Longman Group Ltd.　（邦訳『コミュニカティブ・アプローチと英語教育』、小笠原八重訳、1984、桐原書店）
3. 高見澤孟　2004　『新・はじめての日本語教育2　日本語教授法入門』　アスク
4. 荒川清秀　2003　『簡明・中文システム15』　同学社
5. 董燕・遠藤光暁　2000　『書く中国語』　朝日出版社
6. 三潴正道・陳祖蓓　2007　『2007年度版　時事中国語の教科書』　朝日出版社
7. 邱質朴著、平田昌司・中裕司編訳　2004　『情景汉语──意図と場面による中国語表現　中級編』　朋友書店
8. 邱質朴著、平田昌司編訳　1990　『说什么和怎么说（改訂版）──意図と場

面による中国語表現 上級編』 朋友書店
 9. 岡田英樹・絹川浩敏・胡玉華・張恒悦 2007 『コミュニカティブ中国語 Level 1』 郁文堂
10. 水口景子 2002 「高等学校の現職教員の免許状取得をめぐる問題」、『日本の中国語教育——その現状と課題・2002』（日本中国語学会、好文出版）
11. 小柳かおる 2004 『日本語教師のための新しい言語習得概論』 スリーエーネットワーク
12. 楊光俊・李貞愛・許涓 2007 「直接法による中国語教育——桜美林大学孔子学院中国語特別課程の試み」、『中国語教育』第 5 号
13. 日本中国語教育学会 2008 第 6 回全国大会論文発表
14. 辰野千寿・高野清純・加藤隆勝・福沢周亮 1986 『多項目 教育心理学辞典』 教育出版
15. 家村伸子・迫田久美子 2001 「学習者の誤用を生み出す言語処理のストラテジー(2)——否定形「じゃない」の場合」、『広島大学教育学部日本語教育学講座紀要』11 号

第 2 章

中国語教育を省みる

2.1 中国語教育に影響を与えた外国語教授法

ほかの外国語の教育研究と比べて、中国語教育研究は遅れている。外国語教育の理論そのものが、英語やその他ヨーロッパの言語の教育実践から展開されたということが1つの大きな原因と考えられる。それでも、各種の外国語教育の理論は遅れながらも中国語教育に大きく影響を与えてきた。ここでは、外国語教授法の中でこれまでの中国語教育を導いてきた3つの教授法、①文法訳読教授法、②直接教授法、③オーディオリンガル教授法、を取り上げて、それぞれのアプローチ・メソッド・テクニックを検証してみたい。

2.11 文法訳読教授法

 アプローチ

言語の文字側面は音声側面よりも優位にあり、単語の意味は、言語と言語の間ですべて1対1で対応しているという認識が、文法訳読教授法の理論的根拠である。また、外国語学習は一種の知能訓練であるという考えが、文法訳読教授法の教授法理論を支えている。

 メソッド

主な学習内容は、目標言語で書かれた文学作品を翻訳することである。さらに、母語と目標言語との間で自由に翻訳ができるようになるために、あるいは翻訳する訓練の過程において知的訓練の効果をあげるために、教師による文法規則の説明、学習者の対訳による単語の理解、および翻訳練習などが必要とされる。

 テクニック

①訳す：文学作品の1節を目標言語から母語へ訳す。
②理解問題：読解用の1節の理解に基づいて、目標言語で与えられた質問に答える。
③単語暗記：与えられた目標言語の語彙とそれに対する母語の訳語とのリストを暗記する。
④穴うめ：新出単語や特定の文法項目の語で空欄を補う。

⑤作文：新出単語を用いて作文する。

2.12 直接教授法

アプローチ

　この教授法の先駆者である F. Guoin は、幼児が母語を習得していく過程を詳しく観察し、そこで得たヒントを外国語教育に応用した（米山ほか、1983）。すなわち、「翻訳によって母語を習得した幼児はない」として、子どもが親から母語を学んでいく過程と同様に、成人の外国語学習の場合でも、母語習得の過程に準じた「自然な」学習の過程が重要であると考えるのである。

メソッド

　直接教授法では、①母語の使用を排除する。文法訳読教授法のように文法や意味が学習者の母語に訳されるのではなく、直接、目標言語に結びつけられる。②「聞く→話す→読む→書く」という母語学習の自然な順序に準じて外国語学習を行う。③語彙や表現の意味は、場面の中で関連する実物や絵、写真、動作などを示しながら教える。④文法項目や用法は一切説明せずに例文の形で学習者に提示し、学習者が多くの例文から帰納学習を行い、自ら規則を発見し、一般化を試みるようにさせる。

テクニック

①問答練習：この練習は目標言語のみで行われる。新出単語と文法構造を練習するため、学習者が質問するときも答えるときも省略文を用いてはならない。

②穴うめ：この技術は「文法訳読教授法」で取り上げたものと異なり、すべての項目は目標言語で与えられる。そのほか、明確な文法規則は与えられないため、学習者はここで帰納学習から導き出した文法規則の正誤を確認する。あるいは、この穴うめ問題をも1つの例として、引き続き「帰納学習」を行う。

③聞き取り：教師の目標言語による指示にしたがって、学習者が文字を書いたり、絵を描いたりする。

④誤りの訂正：学習者に自分が言った答えと教師が示した答えの選択をさ

せることによって自らの間違いを訂正させたり、あるいは、上昇調で学習者の発話を繰り返し、その個所がおかしいと知らせたりすることによって、誤りを訂正させる。

2.13　オーディオリンガル教授法
▸ アプローチ

　オーディオリンガル教授法は、構造言語学と行動主義心理学の影響を強く受けている。構造言語学理論（Structural Linguistics）によると、①言語は「構造体」であり、言語教育は構造の教育である。②言語は本質的に「音声」である。③言語には「パターン」（pattern）がある。④言語習得は「習慣形成」（habit-forming）の過程である。⑤言語はその母語話者の話すものである。また、行動主義心理学（Behaviorist Psychology）によると、人間にある「刺激」（例えば、教師のモデル文）を与えると、それに対して「反応（行動）」（例えば、学習者の回答）が生じる。「習慣」は「刺激─反応」の繰り返しによって形成され、「反応」が適切である場合には、そこには「強化」（例えば、教師の誉めことばや、学習者自身の満足感など）が起こり、より確実により速く「習慣」が形成されることになる。

▸ メソッド

　オーディオリンガル教授法では、①シラバスとして、構造中心の外国語教育が強調される。②初級教育では口頭言語の教育が重視される。③「音のパターン」「語のパターン」「文のパターン」などを取り扱う「パターン練習（pattern practice）」が重視される。④外国語学習の新しい習慣形成を促進する手段として、反復練習を通して暗記することが勧められている。⑤言語教育は母語話者なみの正確さを要求すべきものとされる。

▸ テクニック

　オーディオリンガル教授法の「テクニック」の特徴は、「パターン練習」（pattern practice）を重視することである。すなわち、「パターン練習」の繰り返しによって、言語習慣を身につけることを目指すのである。
①模倣暗記練習（Mim-Mem：Mimicry-Memorization）：教師のモデル発音に続いて、学習者がそれを真似て繰り返す。それによって、正確な発音

やイントネーションを覚える。

② 逆行構成練習：本文中の長い文をいくつかのパーツに分け、文末のパーツから繰り返し、繰り返すパーツを徐々に拡大していき、最後に、文全体が繰り返せるようになる。文末のパーツから始めるのは、拡大の過程で、文のイントネーションをできるだけ自然に保つためである。例えば、

    去中国

   一起去中国

  和小林一起去中国

 我和小林一起去中国

暑假我和小林一起去中国。

③ 反復練習：教師がモデル文を示し、学習者がそれをできるだけ正確に、素早く繰り返すよう求められる。

④ 連鎖練習（chain drill）：複数の学習者の間で次から次へと連鎖的に質問と応答を重ねていく練習。教師がまず最初の学習者に質問したり挨拶したりしてチェーンを始める。その学習者は答え終わると次の学習者に同じ質問や挨拶をし、それが繰り返されてチェーンが続いていく。そうすると、教師にとっては、学習者1人1人の発音・話し方などを点検することができる。

⑤ パターン練習：まず教師がパターンを提示し、次にキュー（cue）と呼ばれる単語を、1つないし複数、口頭あるいは絵で指示する。学習者は出されたキューの品詞や、文中の適切な個所（スロット）を判断し、文を完成させて繰り返す。キューの適切な個所（スロット）を見つけて置き換える練習により、文のパターンが覚えられる。例えば、

 教師：小王在教室里。 （パターン提示）

    刘老师   （キュー提示）

 学生：刘老师在教室里。

 教師：办公室   （キュー提示）

 学生：小王在办公室里。

⑥ 変形練習：教師は学習者に特定の文（例えば、肯定文）を口頭で示し、学習者に異なる構造の文（例えば、否定文）に変えるよう求める。その

ほか、陳述文を疑問文へ、能動文を受動文へ、などの変形がある。
⑦応答練習：教師が学習者に質問をし、学習者が与えられたキュー（単語）を用いて質問に答える。学習者は教師の質問に素早く答えなければならない。例えば、

 教師：你最近忙吗？ （パターン提示）
    特別   （キュー提示）
 学生：我最近特別忙。
 教師：非常   （キュー提示）
 学生：我最近非常忙。
 教師：不怎么   （キュー提示）
 学生：我最近不怎么忙。

2.2 「わかる」中国語教育の確立

　以上のような各種教授法のおかげで、中国語教育に大きな成果がもたらされてきた。多くの大学では、「英中仏独」の順に選択される傾向が強まり（輿水、2002）、高等学校では英語に次ぐ外国語科目が中国語となり、その開講校数は97年の372校（中野、2002）から2008年現在の652校となった（小渓、2008）。また、主に中国語学習者の「聞く」「読む」「書く」能力を測定するための「中国語検定試験」は年間受験者が3万に達している（大塚、2002）。ここでは、従来の中国語教育実践に最も大きな影響があったと思われる3つの教授法、すなわち「文法訳読教授法」、「直接教授法」と「オーディオリンガル教授法」について、その貢献を見てみたい。

2.21　文法訳読教授法の貢献

　中国語教育の実践に最も多く見られるのは、文法訳読教授法を用いた授業であろう。中国語教師のだれもが授業のときに、必ずと言ってよいほど、文法訳読教授法の「技術」を採用している。例えば、学習者に日本語の訳を見ながら中国語の「新出単語」（漢字の書き方＋ピンインのつづりかた）を暗記させたり、教科書に記述している「表現ポイント」を詳細に説明し

たり、新しい文法項目を確認しながら本文の意味を日本語に翻訳したりする。そういう意味では、文法訳読教授法は、中国語教育に最も貢献した、重要な教授法と言うことができる。

クラス・サイズの大きい教室では、文法訳読教授法を用いて授業を進めれば、教師の直接の助けがなくても一定の学習ができる；『中日辞典』や文法書に頼れば自習もできる；教師が中国語を上手に聞いたり話したりできなくても教えることができる、そうした利点は中国語教育の実践にも表れている。したがって、文法訳読教授法は中国語教育における「わかる」目標の実現に最も大きく貢献してきたと言ってよい。

しかしながら、この教授法を用いた授業では、当然、書きことばが中心になり、語彙力の増強や複雑な文章の解読が強調される反面、音声面や話しことばが軽視されがちである。その結果、学習者には口頭による伝達能力、いわゆる「できる」中国語が身につかない。「中国語は読めるが、話せない」とよく言われるように、大部分の学習者は、長年の学習にも関わらず日常的な言語使用さえできない。直接教授法の開発者の一人フランス人 F. Gouin は、文法訳読教授法による大学のドイツ語の授業では優秀な成績だったのに、実際にドイツに留学すると、日常会話さえできず苦労を重ね、落胆して帰国した。ところが、その間に3歳の甥がフランス語を習得しているのに驚き、新しい教授法を開発する必要性を痛感したというエピソードがある（米山ほか、1983）。

ただし、近年、文学作品を学習内容とすることについて、本物の言語への接触量を確保するための最も手軽で確実な方法であると再評価する意見が出されており、また、学習者が母語で持っている知識を外国語学習に活用すべきだという考えも再認識されている（米山ほか、1983）。

2.22 直接教授法の貢献

日本の中国語教育では、中級あるいは上級クラスの学習者に、中国語ネイティブによる直接教授法の授業も設けられている。日本語を使わないので、学習者が中国語に慣れるのが早い。また、口頭での訓練が中心なので、ヒアリングやスピーキングの能力の育成に向いている。さらに、翻訳をし

ないので、中国語で考える習慣が早くつく。文法訳読教授法と異なって、直接教授法では、文法規則そのものが教師から示されることはないが、学習者が例を示され、その例から規則を発見し、一般化する。そのために、教師が中国語を用いて、いろいろな具体的な場面を通して学習内容を提示する。それに対して、学習者が日本語ではなく、中国語を用いて学習活動を進める。その教授―学習過程自体がコミュニケーション活動となる。そういう意味では、直接教授法による中国語授業は「できる」中国語を実現する過程である。

しかし、成人の学習者がある程度「わかる」中国語の目標を実現してからでないとこの教授法の実施は不効率である。なぜなら、日本語の使用が認められないため、語彙の意味や文法の用法に関する説明が回りくどくなり、さらには正確に伝わらないこともあるからである。また、簡単な語彙や文法についても、実物での説明、あるいは例文での提示が必要なので、教師が話す時間が長くなり、学習者の発話時間が減ってしまう傾向がある。さらに、授業に採用されているシラバスの性質が異なると、実現される目標の性質も変わってくる。例えば、「構造重視型」のシラバスを用いれば、「わかる」目標の実現につながるが、「機能重視型」のシラバスを用いれば、「できる」目標の実現につながる。

近年、特に初級の学習者には、「折衷的な直接教授法」が勧められている（高見澤、2004）。すなわち、①テキストでのみ媒介語を使い、授業は直接教授法で進めるか、あるいは、②テキストには媒介語を使わず、教師が媒介語を使って文章の対訳や文法の解説をするか、である。中国語教育の実践によくある日本人と中国人ネイティブの連携式の指導では、日本人教師が日本語で文法を解説したり本文を対訳したりし、中国人教師が中国語で定着練習を行ったりすることが行われているが、これは一種の「折衷的な直接教授法」と言えるであろう。

2.23　オーディオリンガル教授法の貢献

構造言語学・行動主義心理学の影響を強く受けて誕生したオーディオリンガル教授法は、50年代に「最も科学的な教授法」として世界中でもて

はやされ、あらゆる外国語教育に採用されるようになった。最も早い時期から、本格的に中国語教授法を論じてきた長谷川良一の実践研究は、まさにオーディオリンガル教授法の影響の下に行われたものである。「アメリカ新言語学の外国語教授法を受け入れるまでのわたしの教授法というのは、極端な経験主義であったと言える。他人の教授法などというものを全然問題にせず、毎日の授業の中でおこった教授上の問題点をたえずもちつづけて、その解決法を自分の頭で考えた。」という本人の回想がその裏づけになる（長谷川、1995）。長谷川氏が開発した口頭発音訓練のための「中国語の発音練習帳」、中国語文のパターンを集中的に訓練するための「中国語の構造型の教材」、「最小時間に最大量の練習量をすべての学習者に」という授業の進め方、などなど、いずれもオーディオリンガル教授法の理念を中国語教育に活用したものと言ってよい。このようなオーディオリンガル教授法の考えは、現行の中国語テキストの練習問題の編成にも大きく影響を与えている。

　構文中心の会話の暗記や音声の反復ドリルなどによって「聞く」および「話す」能力の育成を目指すオーディオリンガル教授法の中国語授業は、一見「できる」中国語を目指しているように見える。しかし、「模倣暗記練習」や「パターン練習」のような機械的な口頭練習では、学習者が受動的な存在となり、その中で身につけられた「できる」能力は、あくまでも教師が設定した場面と教師の指示に沿ったものであり、自発的に中国語文を創造したり、場面にふさわしい発話をしたりする、真のコミュニケーション能力ではない。したがって、文法訳読教授法と同様、オーディオリンガル教授法による中国語の授業も、「できる」目標よりは、むしろ「わかる」目標の実現のほうに大きく貢献してきたものだと言わねばならない。

　現在、オーディオリンガル教授法を提唱する人の多くは、従来の機械的な練習による習慣形成の理論を修正し、意味を伴った練習による習慣形成も必要であり、また、文型のマスターよりも、現実の言語使用に役立つ「機能的習慣」（functional habit）の形成のほうが重要だと主張するようになっている（米山ほか、1983）。

2.3 「わかる」中国語教育の問題点

2.31 何を「わかる」ようになるのか

　外国語を身につけるための第一歩は、言語知識を「わかる」ようになることである。外国語教育の場合では、主に目標言語の「文法規則」を学習し、理解するようになることである。学習活動は学生が一定の課題の解決を目指して行う過程であると考える教育心理学の視点によると、言語の「文法規則」の学習は「ルール学習」である。つまり、それぞれの「課題」と「解答」を対にして学習するという「個別的学習」（例えば、歴史年号を学習する際に、「新中国の誕生は1949年だ」という1つの「課題」を学習すれば、その1問については「解答」することができるようになる。しかし、「では、文化大革命は何年に始まったか」という別の「課題」には全く答えることができない）と違って、「ルール学習」では、多くの「課題」に答えるために、それらの課題を全体として支配する「ルール」を学習するのである。

　「ルール学習」の教授過程は、最も基本的で単純なパターンとして、特定のルール（rule）の例示と、そのルールの活用事例（example）の例示という2つの要素によって構成される。例えば、中国語文法の例を取り上げると、

　　ルール：中国語の目的語は動詞の後につく
　　事例　：我爱你。

　このような「中国語の目的語は動詞の後につく」という「ルール」を覚えると、たくさんの中国語文が読め、書けるようになる。つまり、「個別的学習」に比べて、「ルール学習」は記憶の負担が少なく、未知の課題の予測、あるいは解答も可能になるという大きな利点がある（伏見ほか、1993）。

　前述した文法訳読教授法、直接教授法、オーディオリンガル教授法などの外国語教授法は、「ルール」と「事例」の導入・理解・強化に重要な役割を果たしているが、しかし、それ以前に、中国語の文法事象をどうルール化するかというルールづくりが問題となる。これは「わかるようになる」ことの成否を左右する決定的に重要なことである。

効率的な学習を保証するためにルールづくりに要求されるのは、①説明が簡潔でわかりやすい、②記憶の手がかりがあって忘れにくい、という原則である。しかし、教室授業のために、中国語の「文法規則」をルール化する際には、この原則に沿ったルールづくりにはまだ検討の余地がある。ここでは、まず「介詞」を教える際の「ルール」を例にして説明したい。

中国語の「介詞」は、名詞などとのつながり方は英語の「前置詞」と同じだが、文章の中での動詞あるいは動詞句とのつながり方はむしろ日本語の「格助詞」に近い。言い換えれば、「前置詞」や「格助詞」は、日本人学習者が中国語の「介詞」を学習する前にすでにもっている知識である。

学習問題の先駆的研究者であるAusubel（1969）は、新しい学習内容が認知構造の中にすでにある知識と結びつくことの重要性を強調し、既有知識と関連づけた学習は容易であり、また既有知識と関連しているので忘れにくく、思い出す場合にも手がかりが多くて想起しやすいと指摘している。ただし、ここでいう「既有知識」とは、新しい知識にとって適切なものでなければならない。すなわち、適切な既有知識と関連づけることができれば、新しい知識の学習が促進されるが、不適切な既有知識と関連づけられると、かえって新しい知識の学習を妨げる恐れもある。では、日本人学習者がすでにもっている母語の「格助詞」に関する知識、あるいは英語の「前置詞」に関する知識は、彼らが中国語の「介詞」という新しい知識を学習する際の適切な既有知識となりうるのか、あるいはこれらの既有知識は利用されるべきであるのか否か。

この問題に対して、実際の教育現場ではさまざまな見地から意見が出されている。日本の各種中国語初級教科書を参照すれば、およそ次の4種類の見地を見出すことができる。

種類1は、中国語の「介詞」を「前置詞」と訳し、「介詞」という用語を使わずに、「前置詞」という用語で説明する方法である [注1]。ほとんどの教科書がこのような見地に立っている。この見地による「介詞」学習においては、中国語文の説明に英語の例文を導入しなくても、結果的に英語の「前置詞」の知識を手がかりにすることになると考えられる。このような「介詞」学習の1例（渡辺ほか、1999）は、以下のような「ルール・事例」

の形式にパターン化できる。

　　［文法事項］前置詞"跟""在"
　　ルール：「前置詞＋名詞」は動詞の前
　　事例　：你跟她一起来吧。
　　　　　　我不在食堂吃饭。

　種類2は、中国語の「介詞」と英語の「前置詞」の役割の類似性を強調し、「介詞」と「前置詞」という用語を併用して説明する方法である[注2]。学習者の英語の「前置詞」に関する既有概念を手がかりとして利用して、新しい概念をよりわかりやすく導入しようとするのがこの種の見地の意図であろう。当該教科書の編著者の以下の言及がこのような意図を明確に示している。「介詞」は「いささか耳慣れない用語だが、機能的に英語の前置詞と酷似しているので、本書では便宜的に『前置詞』とする」(鈴木、1995)；「介詞」は「……英語の前置詞によく似た役割をはたすので、便宜上、教室では『前置詞』と呼んでもよいでしょう」(藤堂ほか、1985) と。さらに、学習者に英語を想起させ、「前置詞」を含む英語文と対照しながら、「介詞」を含む中国語文の説明を行うケースもある（佐藤、2000)。

　　［文法事項］前置詞（前置詞＋名詞＋動詞）
　　　　　　　前置詞句が動詞の前に置かれ、「名詞を動詞につなげる、仲介する機能をもつ」という意味から、中国語の文法では前置詞を「介詞」と呼んでいる。
　　ルール①：前置詞は名詞の前に置かれるという点では英語と同じ。
　　事例①　：跟　跟朋友　(with friend)
　　　　　　　在　在食堂　(at dining room)
　　　　　　　离　离这儿　(from here)
　　　　　　　从　从北京　(from Beijing)
　　　　　　　到　到天津　(to Tianjin)
　　ルール②：前置詞句がふつう、動詞の前に置かれるという点が英語と異なる。
　　事例②　：我跟朋友散步去了。（I went for a walk with my friend.）
　　　　　　　他们从北京出发了。（They started from Beijing.）

種類3は、ごく一部であるが、「前置詞」という用語を使わずに、直接「介詞」という用語を用いて説明する方法である[注3]。これは英語の「前置詞」や、日本語の「格助詞」に関する既有知識を中国語文法から切り離し、中国語特有の品詞である「介詞」として解釈、説明しようという見地であろう。このような「介詞」学習の一例（郭、1999）は以下のような「ルール・事例」のパターンとして整理できる。

　　［文法事項］介詞の"在"
　　ルール："在"＋場所詞＋動詞＋（目的語）
　　事例　：他在树下休息。
　　　　　　他在贸易公司工作。
　　　　　　我在车站等你。
　　　　　　他们在百货商店买东西。

　種類4は、「前置詞」、あるいは「介詞」といった用語はいっさい使わずに説明する方法である[注4]。むろんこの方法も種類3の方法と同様に、既有知識を手がかりとして利用する方法ではないと考えられる。このような「介詞」学習の例（小川、2000）は以下のような「ルール・事例」の形式にパターン化できる。

　　［文法事項］（提示なし）
　　事例①：在银行工作
　　ルール："在银行"は動詞の前に置く。
　　事例②：给他打电话
　　ルール："给他"は動詞の前に置く。
　　事例③：从东京出发
　　ルール："从东京"は動詞の前に置く。

　まとめると、「介詞」のルールづくりの場合、種類1と種類2のように「前置詞」という英語の既有知識と関連づけて説明する方法が、日本では主流になっている。では、「前置詞」を手がかりとした現行の「ルール学習」は、既有知識を有効に生かすことができるのか、このような「ルール」を用いた学習は実際に効果的であるのだろうか。

　ここに、某大学の中国語初級クラスA（29人）・クラスB（33人）の学

習者を対象とした調査データがある（胡、2003a）。主流の種類１に属する教科書（『改訂版　フレッシュ中国語』渡辺晴夫・楊幸雄・高村麻実、1999、白水社）を用い、「前置詞」を手がかりにした「ルール」による「介詞」学習の後、「介詞」を含んだ「日本語から中国語へ」の作文課題を与え、学習効果を調査したものである。同じ課題を用いて、学習の１週間後と１ヶ月後の計２回調査を行った。

　学習者の回答タイプを分析してみると、「正解」のほか、「無答」「介詞の脱落」や「介詞の誤用」「介詞句の文中の位置の間違い」などの誤答が見つかった。これを「介詞」そのものの選択の正誤（○×）と文中における「介詞句」の位置の正誤（○×）の２つの要素の組み合わせにしたがって整理すると、「正解」と「無答」を含めた下記の７種類の回答タイプを見出すことができる（表2-1）。

表2-1　「介詞」問題における回答タイプ

回答タイプ分類		回答タイプ	回答例
「介詞」脱落	「介詞句」の位置×	タイプ１	我　吃饭　学校。
	「介詞句」の位置○	タイプ２	我　学校　吃饭。
「介詞」の選択×	「介詞句」の位置×	タイプ３	我　吃饭　里学校。 我　吃饭　？学校。
	「介詞句」の位置○	タイプ４	我　存学校　吃饭。 我　？学校　吃饭。
「介詞」の選択○	「介詞句」の位置×	タイプ５	我　吃饭　在学校。 在学校　我　吃饭。
	「介詞句」の位置○	タイプ６	我在学校吃饭。
無答	回答なし	タイプ７	

　さらに、対象者の各回答タイプの占める割合を集計すると表2-2になる。タイプ６の正答率からわかるように、２回の調査の低い正答率から「介詞」の学習効果がそれほど楽観できるものではないことが考えられる。特に、学習した内容は一時的に覚えられたとしても、時間の経過につれ、次第に忘れられていき、各クラスの正答率は急激に降下した（クラスＡ：

59%→21%；クラスB：73%→52%）。

「介詞句の位置の間違い」による誤答（タイプ1＋タイプ3＋タイプ5）と、「介詞の脱落・誤用」による誤答（タイプ1＋タイプ2＋タイプ3＋タイプ4）を比較すると、クラスAの場合、1回目の調査結果では、「介詞句の位置の間違い」による誤答は、「介詞の脱落・誤用」による誤答よりやや少ないが（35%＜41%）、時間の経過につれ、2種類の誤答の差が大きく逆転した（59%＞38%）。同様の傾向は、クラスBにも見られる。クラスBの場合、1回目の調査結果では、「介詞句の位置の間違い」による誤答は、「介詞の脱落・誤用」による誤答よりやや少ないが（18%＜21%）、2回目の調査結果では、2種類の誤答の差が大きく逆転した（31%＞18%）。つまり、時間の経過とともに、「介詞句の位置」が英語の「前置詞」と同じように文末に置かれる誤答が増加したのである。

表2-2　各回答タイプの占める割合（%）

	クラスA		クラスB	
	1回目	2回目	1回目	2回目
タイプ1	21	21	15	12
タイプ2	3	3	3	0
タイプ3	14	7	0	0
タイプ4	3	7	3	6
タイプ5	0	31	3	19
タイプ6	59	21	73	52
タイプ7	0	10	3	11

さらに、正解者を除いて、誤答者のみの統計をとると、誤答した学習者のほとんどは「介詞」の語順規則を英語の「前置詞」のそれと混同し、動詞の前ではなく、文末に置いている（クラスAの場合には、1回目の調査で83%、2回目の調査で85%；クラスBの場合には、1回目の調査で75%、2回目の調査で83%を占める）。

なぜこのような結果に陥るのか。学習者が未習外国語を学習する際、母語ではなく、すでに学習経験のある既習外国語を手がかりとする傾向があ

ることはすでに指摘されている。「初級段階の中国語学習者がよく陥る落とし穴は、中国語に英語の文法を当てはめて理解しようとすることである。中国語の統語規則について、連語の内部では英語のそれに類似している面があるが、連語同士の排列順序では日本語のそれに酷似している。しかし、初級学習者はたいてい連語同士の排列にも英語のそれを投影して受け取ってしまうものである。とりわけ日本語を中国語に直す場合には中国語の単語を英文法に従って並べることを平気でやってしまう。本当は日本語の統語法にしたがうほうが適切であるにもかかわらず、学生は英語式にするのである」(清水、1998)。つまり、中国語の学習においては、教育者が意識的に学習者がもっている英語の知識を連想させなくても、学習者自身が自ら英語の既有知識を用いるのである。したがって、「介詞」を学習する際、英語の「前置詞」を提起させることは、一見学習者の既有知識を活用しているように思えるが、しかし、どこまで英語と同様に表現すればいいのか、どこまで英語と異なる表現になるのか、が明確に理解されていないと、かえって学習者を混乱に導く恐れがあるのである。しかも、英語の「前置詞」を手がかりとしたそもそもあいまいな「記憶」は、時間の推移につれ、誤りがいっそう生じやすくなる。古くから根づいている知識が、新しい知識を淘汰してしまうのである。

　以上は「介詞」のルールづくりに関する調査結果であるが、「〜したのだ」と訳されている"是……的"、「学んでマスターした結果を表す場合」と「能力がありできる場合」[注5]などと説明されている"会"と"能"の意味合い、「可能補語」の否定形と"不能Ｖ"の違い、などに関する「ルール学習」における学習者の学習効果からみても、中国語教育の「わかる」目標を実現する段階において、学習内容そのものである「文法規則」のルール化問題にはまだまだ検討の余地があると言わねばならない。

2.32　何のために「わかる」ようになるのか

　「わかる」ようになるのは、言うまでもなく「できる」ようになるためである。しかし、現実には、「わかる」ようになっても、「できる」ようになる目標にはほど遠い。

D. L. Freeman はその著『*Techniques and Principles in Language teaching*』(1986) において、文法訳読教授法・直接教授法・オーディオリンガル教授法を次のように評価している。「この本で論議されている教授法のほとんどの創始者は、主な目標を学習者に目標言語によるコミュニケーションを可能にさせることだと考えている。このような方法論者の多くは言語構造や語彙の獲得を強調している。……しかし、もしそれだけが教えられるならば、コミュニケーションの準備としては不十分であると感じている。学習者は言語の用法の規則を知っていたとしても、その言語を使用することはできないだろう」。言い換えれば、これらの教授法による外国語教育では、「わかるようになる」ことは実現できても、「できるようになる」ことの実現はできないということである。

　筆者が数年前に行った調査でも、彼のこのような予想を裏づける結果が得られた（胡、2003b）。ここでその調査を簡単に整理しておこう。

　2ヶ月の学習歴をもつ中国語初級クラスの学習者を対象とし、1つのクラスをランダムにグループA（20人）、グループB（22人）に分け、グループAに「日本語を中国語に直す」という通常形式の練習問題を8問与え、グループBには「設定されたコミュニケーションの状況に合った文を作る」というタスク形式の練習問題を同じく8問与えた（表2-3）。

　調査用問題からわかるように、2グループに提示した形式を異にする8つの問はそれぞれ相互に対応しており、結果的にはほぼ同様の「答え」が求められる。例えば、グループAの問題1は「あなたは中国人ですか」、問題3は「あなたの専攻は何ですか」であるが、それに対応して、Bグループの問題1は「生協で見かけた女性を中国人っぽいなと思いましたが、どう質問したら確認できますか」、問題3は「彼女の専攻を知りたいなら、どう聞けばいいですか」という具合である。つまり、前者は所与の日本語文を正しく中国語に置き換えることをその目標とするもので、単なる言語知識（主に語彙と文法）の有無を問う設問、いわば「わかる」力を問う問題（以下、「わかる」問題とする）である。いっぽう後者は、状況を判断し、手もちの言語知識を活かしてコミュニケーションを成立させることを目標とするもので、言語知識のみならず、特定の場面でのその応用能力の有無

を問う設問、いわば「できる」力を問う問題（以下、「できる」問題とする）である。

表2-3 調査用問題

	「わかる」問題	「できる」問題
教示	以下の文を中国語に直しなさい。	生協で中国語を喋っている女性を見かけました。そこで、以下の流れに沿って、中国語文を考えてみてください。
問1	あなたは中国人ですか。	「中国人っぽいな」と思いました。さあ、思いきって、中国語で聞いてみましょう。
問2	あなたも〇〇大学の学生でしょうか。	「この人もうちの大学の学生かな」と思いますが、どう質問したら確認できますか。
問3	あなたの専攻は何ですか。	彼女の専攻を知りたいなら、どう聞けばいいですか。
問4	わたしは〇〇と申しますが、あなたのお名前は何ですか。	外国人との交流は初めてなので、仲良くなりたいと思いました。とりあえず、自己紹介して、ついでに彼女の名前も聞いてみましょう。
問5	わたしたち、一緒にお茶を飲みましょう。	もっと彼女と喋りたいので、お茶に誘いたいと思います。どう言えばいいでしょう。
問6	あなたの家はどこにありますか。	中国は広いと言われているので、彼女の家はどの辺か知りたくなりました。聞いてみましょう。
問7	日本語は難しいですか。	彼女は日本語を勉強しているそうです。外国人からみて日本語は難しいのでしょうか。直接聞いてみてください。
問8	わたしには彼氏（彼女）がいます。あなたは？	話が弾んでいくうちに、友達のような気分になりました。自分に彼氏（彼女）がいることを打ち明け、そして、彼女のことも聞きたいとすると、どう質問しますか。

　形式の異なった問題への正答率（表2-4）をみてみると、「わかる」力をチェックする問題を与えられたグループAの正答率は81％とかなり高い。これは学習者が必要な言語知識をすでにもっていることを意味している。しかしながら、「できる」力をチェックする問題を与えられたグループBの正答率は66％と低かった。同質の2グループの正答率に大きな差が現れたことは、学習者が必要な言語知識をもっているが、実際のコミュニ

ケーションの場面には対応できないことを意味している。言い換えれば、この実験の結果から、実際の中国語の授業では、学習者に「わかる」力の育成はできているが、「できる」力の育成が欠けているということが言えるのである。

表2-4　形式の異なった問題の正答率

問題番号	グループA （「わかる」問題）	グループB （「できる」問題）
問1	100%	100%
問2	90%	86%
問3	100%	73%
問4	40%	27%
問5	70%	55%
問6	85%	64%
問7	75%	50%
問8	90%	73%
平均	81%	66%

このような結論を裏づける事実はほかにもたくさん存在している。例えば、動作の完了を表す"了"を学習済みである中級クラスの学生に、"你上个星期来了吗？"と出席をとると、"不来"と答える学生がしばしばある。また、初級を1年間習った学生で中国語での簡単な自己紹介さえできない者は珍しくない。だが、彼らは決して、勉強が嫌いな学生でも、中国語の成績が悪い学生でもないのである。

【第2章注】

［注1］『フレッシュ中国語』（渡辺晴夫・楊幸雄・高村麻実、1999、白水社、p35〜47）、『中国語初級テキスト　2000年からの中国語』（児野道子・鄭高詠、2000、金星堂、p25）、『文法と表現　実用中国語八百句（改訂版）』（三野昭一・高橋良行・呉念堅・羅奇祥、2000、同学社、p96）、『簡明・中文システム15』（荒川清秀、2003、同学社、p22）、『1年生のコミュニケーショ

ン中国語』(塚本慶一監修、劉穎、2001、白水社、p45)、『新版 標準中国語1（第2版）』(上野恵司、1996、白帝社、p66〜78) などの教科書では、「介詞」という用語を使わずに、「前置詞」という用語を用い、中国語の「介詞」の規則を説明している。

[注2]『大学中国語入門テキスト 基礎から学ぶ中国語』(鈴木達也、1995、金星堂、p61)、『新版 中国語はじめの一歩』(竹島金吾監修、尹景春・竹島毅、2001、白水社、p39)、『Why? にこたえる はじめての中国語の文法書』(相原茂・石田知子・戸沼市子、1999、同学社、p124)、『なるほど・わかる中国語』(佐藤晴彦編、2000、同学社、p27)、『中国語をマスターするための中国語文法』(小川郁夫、1997、白帝社、p49) などの教科書では、「介詞」「前置詞」という用語を併用し、中国語の「介詞」の規則を説明している。

[注3]『新編 例文中心初級中国語』(牧田英二・楊立明、2000、同学社、p52)、『聞く・話す フォーアップ初級中国語』(守屋宏則・柴森編、1999、同学社、p22)、『中国語初級テキスト、新中国一星期』(羅奇祥、2001、三修社、p30)、『改訂版 簡明実用初級中国語』(郭春貴、1999、白帝社、p53〜74) などの教科書では、「前置詞」という用語を使わずに、「介詞」という用語をそのまま用いている。

[注4]「前置詞」「介詞」などの文法用語を使わずに説明する教科書は、そのすべてに目を通したわけではないが、現在までのところ、『中国語実習 初級』(小川郁夫、2000、白帝社、p39) のみであった。

[注5] 例文は、『語法ルール66』(相原茂・玄宜青、1993、朝日出版社、p60) に拠ったが、『500語マスター基本中国語』(山田真一、2001、同学社、p48)、『なるほど・わかる中国語』(佐藤晴彦編、2000、同学社、p32)、『新版 中国語はじめの一歩』(竹島金吾監修、尹景春・竹島毅、2000、白水社、p51) などの教科書にも類似の提示が見られる。

【第2章参考文献】

1. 米山朝二・佐野正之 1983 『新しい英語科教育法』 大修館書店
2. 輿水優 2002 「全国中国語教育協議会活動報告」、『日本の中国語教育——その現状と課題・2002』(日本中国語学会、好文出版)
3. 小渓 2008 サイト：http://www.tjf.or.jp/xiaoxi/xiaoxi.htm、財団法人国際文化フォーラム
4. 中野貞弘 2002 「高校中国語教育の現状と課題」、『日本の中国語教育——その現状と課題・2002』(日本中国語学会、好文出版)
5. 髙見澤孟 2004 『新・はじめての日本語教育2 日本語教授法入門』 アスク

6. Freeman, D. L. 1986 *Techniques and principles in language teaching.* Oxford University Press.（邦訳『外国語の教え方』、山崎真稔・高橋貞雄訳、1990、玉川大学出版社）
7. 長谷川良一 1995 『中国語入門教授法』 東方書店
8. 伏見陽児・麻柄啓一 1993 『授業づくりの心理学』 国土社
9. Ausubel, D. P. & Robinson, F. G. 1969 *School learning : An introduction to educational psychology.* Holt, Rinehart & Winston Inc.（邦訳『教室学習の心理学』、吉田章宏・松田彌生訳、1984、黎明書房）
10. 藤堂明保・相原茂 1985 『新訂 中国語概論』 大修館書店
11. 胡玉華 2003a 「中国語の"介詞"学習の指導法に関する教育心理学的研究」、『教授学習心理学研究会研究報告』第3号
12. 清水登 1998 「中国語入門期の教授法を検討する」、『中国語』第6号
13. 胡玉華 2003b 「コミュニケーション志向の外国語授業の開発に関する教育心理学的研究」、『國學院雜誌』第104巻第3号

第 3 章

「できる」中国語教育を目指す

3.1 「できる」中国語教育の目標

前述したように、「わかる」中国語教育は主に「文法知識」の獲得を目指しているが、「できる」中国語教育は主に「コミュニケーション能力」の育成を目指している。では、「コミュニケーション能力」とはなにか、あるいは、「できる」力とはいかなるものであるか。ここで明確にしておきたい。

コミュニケーション能力（communicative competence：「伝達能力」と訳されることもある）はそもそもイギリスの社会言語学者 D. Hymes が N. Chomsky の言語理論を批判するために導入した概念である。Chomsky (1965) は、言語学の研究対象を規定するために、個人が有している「言語能力」（linguistic competence）と社会的状況で実際に使用される「言語運用」（linguistic performance）とを区別する。そして「言語能力」は話者・聴者がもっている自分の言語についての知識としての能力であり、これは人間にあらかじめ備わっている「生得的文法知識」であって、当該言語を経験することで自然に活性化する、とする。彼は言語学の研究課題はこの「言語能力」のみであると主張する。

Hymes (1972) は、Chomsky のこのような「言語能力」と「言語運用」の2分法が言語の1側面しか視野に入れておらず、社会性を欠いていると批判し、独自の「コミュニケーション能力」（communicative competence）概念を提唱した。彼のコミュニケーション能力に関する見解によれば、言語を運用するためには、①文法的に可能か（whether something is formally possible）、②実際に可能か（whether something is feasible in virtue of the means of implementation available）、③適切か（whether something is appropriate in relation to a context in which it is used and evaluated）、④実際に生じるか（whether something is in fact done, actually performed, and what its doing entails）、という4側面の知識が必要であるとされる。要するに、「コミュニケーション能力」には、正確・適切な言語行為についての知識と同時に、コミュニケーションのためにそれを実際にどう使うかという、効果的な言語行為についての知識が含まれていなければならないと

いうのである。

　こうしたHymesのコミュニケーション能力に実質的な意味合いを与えたのが、「言語行為論」(Speech Act Theory) の発展と流行であった。それは、言語行為論の最大の特徴として、言語を行為の平面で捉えるものである。例えば、「ありがとう」「ごめんなさい」「君の言う通りにします」などの「言語」を実際に用いることで「感謝」「謝罪」「賛同」という「行為」を実践することになる。要するに「何ごとかを言うことは何ごとかを行うこと」なのである（小山内、2002）。さらに言えば、ほとんどの「言語」には「機能」が関与しており、その機能は「何ができるか」にまとめられ、ほとんどの「言語行為」には「意図」が関与しており、その意図は「どんな機能を実現したいか」にまとめられる。したがって、コミュニケーションが正しく成立する1つの条件として、話し手の「意図」が相手に明確に伝わるということが重要になる。その意味からコミュニケーション能力の定義を考えると、コミュニケーション能力とは、他者との関係において、外国語を機能的に使用する力であり、その機能性を実現させるための「力」には、通じること (intelligibility)、ふさわしいこと (appropriateness)、正しいこと (well-formedness) が求められることになる（田中ほか、2005）。

　Hymesの見解は多くの言語理論研究者の支持と関心を呼んだ。例えば、M. Canale & M. Swain (1980) は、それまでの文法力中心の教授法からコミュニケーション能力中心のアプローチへとパラダイムを転換させた画期的な論文の中で、コミュニケーション能力を再検討し、一般的な定義として、「当該言語を異文化のコンテクストで適切にかつ自然に使う能力」とし、そのうえで、①文法能力 (grammatical competence)、②社会言語的能力 (sociolinguistic competence)、③談話能力 (discourse competence)、④方略的能力 (strategic competence) からなるモデルを提案した。以下そのモデルの4構成を中国語の事例にあてはめながら簡単に紹介しておこう。

　①文法能力 (grammatical competence) とは、語彙・形態・統語・発音の規則などに関する知識の使用能力である。これはいわゆる「わかる」力であり、この能力だけでコミュニケーションが適切に行われることはない。

②談話能力（discourse competence）とは、コミュニケーションの場面・文脈などの状況を正確に把握しつつ、的確に伝達する能力である。例えば、"你有笔吗？"と言う場合、ペンをもっているかどうかという事実を尋ねているよりも、ペンを貸してほしいという依頼の意味で言っていることのほうが多い。また、中国に行って、"你的中文是在哪儿学的？"と聞かれたとき、「最初は日本の大学の第2外国語で1年、その後、上海の短期留学で1ヶ月……」と正確に答えようとして、途方にくれる人もいるだろう。だが、それは決してこちらの中国語学習歴を調査するための質問ではなく、むしろほめことばを導入するためのセリフなのである。そのようなことを的確に判断できるには、その表現が用いられている文脈や状況を正確に理解し、その場に適した言語表現を使える能力が必要になる。

③社会言語的能力（sociolinguistic competence）とは、言語使用に関する社会文化の規則や約束ごとを的確に把握した上で、的確にコミュニケーションを行う能力である。つまり、その社会の規範や機構、文化的伝統や生活習慣などの中にあって、いかなる場面でなにをどう言うか、また言ってはいけないか、という問題である。例えば、よく言われることだが、人からご馳走になった場合、日本人なら次に会ったとき忘れずにあらためて礼を言う。しかし、中国人は普通そうしない。もし中国語で、前回の食事はたいへん美味しかった（"上次的菜好吃极了！"）と礼を述べたら、またご馳走してくれという催促に聞こえてしまい、"没什么，下次请你吃更好吃的。"などと言われるだろう。あるいは、自転車で人にぶつかったとき、中国人はたいてい"没事儿吧？""没伤着吧？"と言うが、日本人なら「大丈夫ですか？」と言うのがふつうだろう。同じく相手の身を案ずる気持ちを表現するのに、中国語は相手が無事であって欲しいという願いを表現し、日本人は相手になにかあっては困るという心配を表現するわけである。この場合、もし中国人が日本語で「大丈夫でしょ？」「ケガはなかったでしょ？」などと声をかけたら、言われた日本人は気を悪くし、逆に日本人が中国語で"有事儿吗？""伤着了吗？"ということばをかけたら、中国人には他人事みたいな冷たい感じに聞こえるに違いない。いずれも語彙・文法の面では完全に正しい文でありながら、それぞれの習慣に合致し

ていないために、好意・善意の表現のつもりが、かえって正反対の効果をもたらしてしまう例である。

　④方略的能力（strategic competence）とは、コミュニケーションをより円滑かつ効果的に進めるために必要な能力である。相手の話していることがよく理解できない場合に、"对不起，我没听清楚""不好意思，你再说一遍，好吗？"などと言い、逆に自分の話していることがよく理解してもらえない場合には、別の言い方に変えたり、ジェスチャーなど非言語メッセージを用いたりすることによって、相手とのやりとりの中で生じた行き詰まりを乗り越えることなどがその例である。もちろん、非言語メッセージも、文化的な特質をもっているため、異なる文化において意味が相違する場合も多い。例えば、日本に来たばかりのわたしが、「この参考資料を借りてもいいですか」と拙い日本語で尋ねたとき、指導教官は指サインで「OK!」と快諾してくれた。ところが、わたしは指が3本立てられているのを見て、「えっ、3日ならいいということ？　それは時間的に厳しいなァ」と戸惑ってしまった経験がある。

　Canaleらの後、R. Ellis（1994）、Bachman & Palmer（1996）は、異なる名称を用いて、認知心理学的な考えを取り込み、より複雑なコミュニケーション能力のモデルを提案した。

　これらの見解に基づいて、「できる」力を以下のように定義することができる：文法項目を形式的に正しく使用するという「わかる」力に対して、「できる」力とは、外国語を形式的に正しいだけではなく、場面（"语用情境"）および機能（"功能"）に即して適切かつ有効に使用する力である。

　こうした力の育成こそ「できる」中国語教育の目標に外ならない。

3.2　「できる」目標を目指す世界の動き

　「わかる」中国語は「できる」中国語の基礎であり、「できる」中国語は「わかる」中国語の発展である。「できる」力の育成を中国語の教育実践において如何に実現させるか。ここでは、世界各国の外国語・中国語教育改革の動きをみてみたい。

3.21 欧州

個人・地域・国家のアイデンティティを尊重しつつ、ヨーロッパ・アイデンティティを育むという理念を持つ欧州評議会（Council of Europe）は、ヨーロッパにおいて国境を越えた人々の交流を促進するために外国語によるコミュニケーション能力が重要であることを早くから認識し、1971年に新しい外国語教育のためのプロジェクトを発足させ、機能シラバスに基づいて、外国に行ってその目標言語で必要最低限のコミュニケーションを図るためにはどの程度の言語的な能力を必要とするかという到達レベルの制定を試みた。1990年、ヨーロッパ域内の諸言語について、その運用能力を客観的に評価するための枠組みとして『諸言語の教育と学習のためのヨーロッパ一般フレームワーク』が試行され、2001年には、『言語の学習・教育・評価のためのヨーロッパ共通フレームワーク』（Common European Framework of Reference for Languages：Learning, teaching, assessment）（CEFR あるいは CEF と略称）の英語版が完成された。その英語版を軸にして、すでにイタリア語版・スペイン語版・フランス語版・ポルトガル語版・チェコ語版・ドイツ語版・ハンガリー語版、などができている。

CEFR は、言語教育シラバス、カリキュラム、テキスト、テストの作成、および学習者の能力の評価などに対するヨーロッパ各国の共通の基盤である（吉島ほか、2004）。CEFR では、コミュニケーション能力を、①言語学的能力、②社会言語学的能力、③語用論的能力の総合的な能力と理解し、コミュニケーション能力を従来の4技能中心のアプローチではなく、行為中心のアプローチ（action-oriented）から評価している。具体的には、言語行為がどのような領域で行われるか（例えば、私的・公的など）、およびどのような状況で行われるか（例えば、場所・関係者など）、という2要素からコミュニケーション能力を記述するためのカテゴリーを設定した。表3-1はそのカテゴリーを示し、各欄内はそれぞれに対応した一部の例である。

表3-1 コミュニケーション能力を記述するためのカテゴリー

領域	場所	機構	関係者	事物	イベント	行為	テクスト
私的領域	家庭/海辺	家族/社会的ネットワーク	両親/知人	衣服/家電製品	家族行事/出会い	読書/娯楽	新聞/個人の手紙
公的領域	スーパー/レストラン	奉仕団体/所属協会	公務員/店員	財布/品物	事故/試合	公的な娯楽/公共サービス	時刻表/メニュー
職業領域	工場/ホテル	会社/労働組合	同僚/顧客	業務用機器/産業機器	面接/労働災害	仕事の経営/事務手続き	仕事の手紙/規則
教育領域	教室/宿舎	大学/成人教育機構	教授/学生	制服/筆記具	入学/運動会	授業/クラブ活動	辞書/参考図書

吉島ほか（2004）より

　また、CEFRは、言語使用者を「A：基礎段階の言語使用者」「B：自立した言語使用者」「C：熟達した言語使用者」の3段階に分け、それをさらにそれぞれ上下2段階に分けて、つごう6つの共通参照レベル（A_1・A_2・B_1・B_2・C_1・C_2）を提示し、それぞれのレベルごとに、コミュニケーションに必要な言語知識と言語能力を定義している。その定義は、学習者が遭遇する可能性の高い各種のコンテクストを想定し、そこで「〜ができる」（Can-do）という形で示されるもので、そこには様々な尺度（例えば、全体的な尺度・話しことばの側面など）が加味されている（藤原、2003；吉島ほか、2004）。

　その上で、CEFRでは、学習者が自らの言語能力を確認するために、「理解」（聞くと読む）・「話す」（やり取りと表現）・「書く」という5項目を含む「Can-do」型の各レベルの自己評価表を制定した。例として、基礎段階のA_1・A_2レベルの自己評価項目を表3-2で示す。

表 3-2　共通参照レベル：自己評価表（基礎段階）

		A₁	A₂
理解すること	聞くこと	・はっきりとゆっくりと話してもらえば、自分・家族・身近なものに関する聞き慣れた語彙やごく基本的な表現を聞き取れる。	・ごく基本的な個人や家族の情報・近所・仕事などの直接自分につながりのある領域で最も頻繁に使われる語彙や表現を理解することができる。 ・短く、はっきりとした簡単なメッセージやアナウンスの要点を聞き取れる。
	読むこと	・例えば、掲示やポスター・カタログの中のよく知っている名前・単語・単純な文を理解できる。	・ごく短い簡単なテクストを理解できる。 ・広告や内容紹介のパンフレット・メニュー・予定表のようなものを読んで情報を取り出せる。 ・簡単で短い個人的手紙を理解できる。
話すこと	やり取り	・ゆっくり話し、繰り返したり、言い換えたりしてくれて、また手助けをしてくれるなら、簡単なやり取りをすることができる。 ・必要なことやごく身近な話題についての簡単な質問を聞いたり答えたりできる。	・単純な日常の作業の中で、情報の直接のやり取りや、身近な活動についての話し合いができる。 ・会話を続けていくだけの理解力はないが、短い社交的なやり取りをすることはできる。
	表現	・自分の住所や、知人について、簡単な語句や文を使って表現できる。	・家族・周囲の人々・居住環境・学歴、職歴を簡単なことばで説明できる。
書くこと	書くこと	・新年の挨拶など短い簡単な葉書を書くことができる。 ・ホテルの宿帳に名前、国籍や住所といった個人のデータを書き込むことができる。	・必要のある領域での事柄について簡単な短いメモやメッセージを書くことができる。 ・短い個人的な手紙（例えば、礼状）を書ける。

吉島ほか（2004）より

　CEFR は調査対象国となったポーランド・スペイン・イギリス・スイス・ドイツ・フランス・オランダなどの国々に導入されているほか、世界各国において、この普遍的尺度の導入に関する検討が様々な視点から進められている（例えば、上田ほか、2005）。

3.22 中国

CEFRをモデルとして中国語教育に生かしたものとして、まず中国国家対外漢語教学領導小組辦公室（"汉办"）が2002年に発表した《高等学校外国留学生汉语教学大纲》を紹介したい。

その学習内容を決めるシラバスには、コミュニケーション機能（"汉语交际任务"）が初めて到達目標として明確に確立された。具体的には、まず、学習内容として、語彙項目（"词汇表"）、文法項目（"语法项目表"）のほか、機能項目（"功能项目表"）がまとめられ、"打招呼""送行""询问""责备"など110の機能を達成するのに必要な「文型」と「表現」（"常用结构及表达法"）が取り上げられた。また、初級・中級・上級の各レベルの「Can-doリスト」（"汉语交际任务项目表"）も設けられている。初級には、"基本交际类""生存类""社会活动类""个人信息类""综合信息类"の5種類、"社会交往""换钱取钱""问价购物""点菜吃饭""寻医问药""生活服务""寻求帮助""旅行交通""邮电通讯""参观访问""观看演出""获取信息""个人情况""家庭情况""学习情况""爱好和擅长""看法和态度""打算和愿望""原因和目的""天气情况""时间和日期""方位和处所""数字和数量""性状和质量""距离""范围"、計26項目の範囲に及ぶ100のCan-doリストが設定された。

中級には"基本交际类""生存类""社会活动类""个人信息类""综合信息类"の5種類、"社会交往""生活服务""寻求帮助""饮食""购物""寻医问药""个人情况""学习情况""职业工作""婚姻家庭""交通情况""娱乐休闲""参观旅行""体育运动""文学艺术""新闻书刊""风俗文化""历史地理""经济贸易""科普""行政外交"、計21項目の範囲に及ぶ89のCan-doリストが設定された。

上級には"基本交际类""社会信息类""文化信息类""媒体信息类"の4種類、"社会交往""交际技巧""婚姻家庭""历史地理""环境自然""经济贸易""国际政治""教育""体育""法律道德""科普""医药卫生""文学""艺术""哲学宗教""风俗文化""饮食文化""文化差异""媒体广告""语体程式"、計20項目の範囲に及ぶ84のCan-doリストが設けられた。

ここで、3レベルに共通の"基本交际类"機能に関する"交际任务"

(表 3-3) を取り上げてみると、言語技能の側面においては、「話す」→「書く」の順序で、言語機能の側面においては、「伝達」→「伝達の方策」の順序で、具体的なコミュニケーションの"交際任務"が設定されていることがわかる。

表 3-3　"基本交际类"機能に関する各レベルの"交际任务"

初　級	中　級	高　級
・与别人打招呼 ・向别人问候 ・向别人介绍自己的朋友或为双方做介绍 ・向别人表示感谢 ・向别人表示道歉 ・安慰别人或表示遗憾 ・邀请别人参加聚会或宴会 接受或婉拒别人的邀请 ・向别人表示祝贺 ・与别人约会 ・向别人赠送礼品 ・了解或掌握常用的社会称谓 ・了解或掌握常用的礼貌用语	・掌握普通信函的书写格式及常用问候语、祝贺语，学会写信 ・了解并掌握交往中常用文体的格式和内容，学会书写和阅读说明某些社会交往的基本礼节 ・叙述到朋友家做客的经历	・说明社会交往中某些基本礼节的文化含义 ・掌握社会交往中表达不同情感、态度的方式和语言技巧 ・掌握交际中开始、引入、改变、结束话题的基本方式和技巧 ・掌握正式公函的格式要求和写作方法 ・学会比喻、比拟的方法，形象地突出事物的特征 ・学会夸张等方法，鲜明突出地表达某一事物或某种思想感情 ・学会反语等方法，突出描述或说明的效果 ・学会反复等方法，加强论说或情感表达的效果

国家对外汉语教学领导小组办公室（2002）より

3.23　日本

　2007 年 3 月、わたしは中国語教育学会・高等学校中国語教育研究会合同記念大会で、『高等学校の中国語学習のめやす（試行版）』（以下、『めやす』と略称）に出会った。大学の中国語研究がまた文法語彙のガイドラインを検討しているときに、高校の中国語の先生たちがすでに世界の外国語教育の動きを敏感に感じ取って行動を起こしていることに感動した。

『めやす』では、「第一に、生徒に対して、中国語を使ってどのようなコミュニケーション活動ができるようになるのか、学習の到達目標を明確にしてあげることが重要である。第二に、コミュニケーション活動が生徒にとって意味のある内容で行われることが必要である」（財団法人国際文化フォーラム、2007）という観点から、学習者が関心をもっている、あるいは中国語の学習を通してさらに関心をもつであろう16の話題を設定し、話題ごとにコミュニケーション能力指標を作成した。

具体的には、①自分・友達・家族、②日常生活、③学校・教育、④交通・旅行、⑤買い物、⑥食、⑦人との付き合い、⑧余暇・遊び、⑨衣・ファッション、⑩身体・健康、⑪自然環境、⑫住、⑬地域社会、⑭年中行事、⑮中国語と中国、⑯日本語と日本、という話題である。また、コミュニケーション能力指標は、話題別に言語領域と文化領域という2つの面から規定され、その中で、言語領域の言語運用能力指標として、学習の到達目標がさらに1〜4の4段階のレベルに分けて設定された。さらに、それぞれの「指標」について、学習活動例・表現例・語彙例が示されている。

最初の「自分・友達・家族」の話題に関して、レベル1の指標を表3-4で示す。そこからは、文法項目の配列を重視した従来のシラバスと異なり、高校生にとって必要性が高く、意味のある表現が、言語のしくみの難易度に拘らず提示されていることが読み取れる。

表 3-4 「自分・友だち・家族」についてレベル 1 の指標

領　域	言 語 領 域	文 化 領 域
指　標	・自分の名前、学校名や学年、年齢、干支、国籍、出身、住んでいるところを言ったり、相手にたずねたりすることができる。 ・自分の名前、愛称、学校名や学年、年齢、誕生日を書くことができる。	・自己紹介の仕方 ・名前にまつわること（名前のつけ方、夫婦別姓、多い名前、愛称など）
学習活動例	・自己紹介のカードを書く。 ・カードに書かれた情報をもとに自分や友達の紹介をする。 ・クラスメンバーにインタビューする。	・相手に対する呼びかけ方 ・家族に対する呼び方
表 現 例	我姓山田。／我叫山田太郎。／您贵姓？／你叫什么名字？／我是高中生。／我是札幌国际高中的学生。／你是几年级的学生？／大家叫我"小新"吧。／他的外号叫"火腿"。／今年十六岁。／你多大了？／你今年多大岁数？／我是日本人。／你家在哪儿？／我家在川口市。／他是大阪人。／我的生日是十月十九号。／你的生日几月几号？／你属什么？／我属猪。	・歳の数え方（満と数え） ・干支 ・家族の形態（一人っ子政策、共稼ぎ、単身赴任など） ・家族や親戚とのつながり ・若い人たち（高校生）が好きなこと ・高校生に人気のある職業 ・家族それぞれの役割
表現ポイント	人称代名詞／姓名の尋ね方・答え方／"的"／"叫"＋人＋名称／年齢の尋ね方・答え方／"……在哪儿？"／"在"／出身の言い方／月日の尋ね方・答え方／"什么"／"属"＋干支	
語 彙 例	姓／叫／姓名／名字／外号／日本人／中国人／家里人／家庭／家／爷爷／奶奶／老爷／姥姥／伯伯／叔叔／姑姑／舅舅／姨妈／爸爸／父亲／妈妈／母亲／哥哥／弟弟／姐姐／妹妹／年／月／号／日／生日／岁／大学／高中／初中／小学／年级／学生／高中生／……	

財団法人国際文化フォーラム（2007）より

3.24　アメリカ

　90 年代初頭、クリントン政権による教育改革が始められた。その中で最も影響力が高いとされる教育政策は、すべての科目に対して全国統一の学習基準、すなわち National　Standards（NS と略称）を制定するということである。そんな中、1996 年、アメリカ外国語教育協会（ACTFL、The

American Council on the Teaching of Foreign Languages）が幼稚園から大学まで（K-16）の教育全体を視野に入れて、『21世紀のための外国語学習の目標』（Standards for Foreign Language Learning for the 21st Century）を制定し、幼稚園から大学までの外国語教育の理念・内容および目標を定め、外国語教育のスタンダードを提示している。

　そのスタンダードは、外国語学習では、5Cと呼ばれる5つの側面が大切だと説き、視野を広くもって外国語教育が孤立しないよう、他教科や異文化、学校と地域の統合、ということに目配りしているのが特徴である（真嶋、2007）。5Cというのは、① communication（コミュニケーション、すなわち意思伝達という言語の機能を身につける）、② culture（文化、すなわち言語に含まれている文化の学習）、③ connection（連結、すなわち言語だけではなく、言語学習の中で言語以外の科目の知識にも触れる）、④ comparison（比較、すなわち外国語および外国の文化を母語および自国の文化と比較する）、⑤ community（地域社会、すなわち、学習したものを授業以外の場面で運用できる）、である。さらに、1998年、ACTFLは外国語技能評価の指標（Performance Guidelines for K-12）を発布し、高校までの外国語学習者を初級（novice）・中級（intermediate）・準上級（pre-advance）の3レベルに分け、表現力（Comprehensibility）・理解力（Comprehension）・文法力（Language Control）・語彙運用（Vocabulary Use）・コミュニケーション方策（Communication Strategies）・文化意識（Cultural Awareness）という6つの項目から外国語の能力の評価基準を定めた。

　そして、1999年、アメリカ外国語教育協会（ACTFL）と全米中小学中国語教師協会（CLASS：Chinese Language Association of Secondary-Elementary Schools）が協力して、外国語教育スタンダードの中国語教育バージョンとなる Standards for K-12 Chinese Language Learning を制定した。そこでその5つの目標がさらに具体化された（表3-5）。

表 3-5　アメリカにおける中国語教育のスタンダード

Communication 沟　通	①语言沟通 Interpersonal Communication	主要以听与说展开有问有答的双向的语言沟通模式。如：询问或提供讯息、交换意见、表达感情等。
	②理解诠释 Interpretive Communication	主要以听或读展开单向的理解诠释模式。如：明白和领会不同题材的书写（文字或拼音）与口语的表述。
	③表达演示 Presentational Communication	主要以说和写展开单向的表达演示模式。如：针对不同主题的信息、想法及理念进行演讲或作文。
Cultures 文　化	④习俗了解 Practices of Culture	学习中国人的世界观与习俗之间的关系。如：对华人社会习俗的了解与认识，并且在环境中能应对得体。
	⑤文化传承 Products of Culture	学习中国人的世界观与文化产物之间的关系。如：对中国的艺术、历史、文学、音乐等知识的了解。
Connection 贯　通	⑥触类旁通 Making Connection	通过汉语学习，触类旁通附带加强对其他学科内容的了解。
	⑦博闻广见 Acquiring New Information	利用汉语直接阅读原文资料以达博闻广见。
Comparisons 比　较	⑧语言特质 Language Comparisons	通过比较中文与其母语，而促进对语言本质的了解。
	⑨文化特质 Culture Comparison	通过比较中国文化与其本国文化，而达成对文化本质的了解。
Communities 社　区	⑩学以致用 Language Beyond School	通过汉语学习，能在校内或校外运用中文。
	⑪学无止境 Life-long Learning	通过汉语学习的经验，将中华语言文化溶入日常生活，充实生活，增进乐趣

林（2007）、CLASS（1999）を参考に作成

上記各目標に対しては、それぞれのレベルに対応した具体的な内容も定められている。例えば表3-6は、5C中の1つである「Communication」スタンダードの小目標について、それぞれの3レベルに対応した内容を示したものである。

表3-6 「Communication」に対する各レベルの目標
・個人間のコミュニケーション

レベル	目　　標	表　　現
初級	簡単な指令 家族・学校・日常生活に関する話題 日常生活の好き嫌い 互いに周りの人や物の紹介 日常挨拶 教室の礼儀	大家站起来。小朋友坐下。 你叫什么名字？　你今年几岁？　你住在哪儿？ 你喜欢吃什么？　你喜不喜欢看电视？ 这是我妈妈，那是我妹妹。 老师好。小朋友好。谢谢您。老师再见。 了解在中国老师走进教室时，学生起立敬礼。
中級	方位 個人生活・体験・学習に関する話題 人・イベントについての意見交換 物・サービスあるいは情報の獲得 文字の弁別	东南西北。前后左右上下。 你喜欢上什么课？　昨天你到哪儿去了？ 交谈最喜欢的活动项目 小美饭馆在哪儿？ 用手在手掌或空中写字，以辨明适当的字。
準上級	特定な場面で会話を発する 個人の感情および意見の交換 文学作品に対する感想の交流 異なるトピックに関する意見 問題の解決法についての討論 歴史のトピックに関する意見交換	对不起，我来晚了。 表达对升大学的看法。 交流读书心得。 交换对青少年谈恋爱的看法。 小组讨论如何保护熊猫。 谈论中国文字的演变。

・意味理解のコミュニケーション

レベル	目標	表現
初級	教室用語 児童文学作品 親しい話題の簡単なメッセージ 身振り・イントネーションなどの理解	请把门关上。大家跟我说。 小兔乖乖。 出口。入口。三月二号。生日快乐。 摇手。摆手。拱手。
中級	親しい話題の会話 視聴材料の内容 日常生活に関する知らせ・メッセージ 文学作品 非言語的なコミュニケーション手段 同一意味を表す多様な表現	听一段对话。 听歌曲。看电视。 看球赛时间表。 阅读简短的小故事。 用手势表达数字。 不好意思。对不起。没事儿。没关系。 不要紧。
準上級	雑誌・新聞などの広告・知らせ 口語および書面後の慣用語 文学作品の理解 新聞・雑誌などのニュースの報道 現在および歴史話題についての議論 文学作品の分析 各種文芸形式の理解	看电影广告。 理解言外之意（哟，哪阵风把你给吹来了？）。 阅读朱自清的"春"，然后讨论。 模拟报道一段新闻。 交换对时事讨论会的心得。 选读一段或一篇小说。 了解中国地方戏剧以及各类文艺民俗作品。

・実演的なコミュニケーション

レベル	目標	表現
初級	課程・学校・日常生活の紹介 多種多様な文芸作品の暗誦 児童文学作品の記憶・再生 漢字 視聴資料にある簡単な情報の再生	用动物图片介绍12生肖。 背儿歌。表演带动作的歌。猜谜。说绕口令。 讲一段刚听过的故事。 山，水，上，下，大，中，小。 这是北京。这是上海。这是广州。
中級	文学作品の暗誦 人・物に対する簡単な説明 個人経験・学校行事などのまとめ 文学作品のあらすじのまとめ 漢字の認識	表演短剧。背诵诗歌。 为课堂照片写简短说明。 列一张日常作息表。 讲故事给同学听。 制作偏旁部首的海报。

第3章 「できる」中国語教育を目指す　63

準上級	日常環境をテーマにした作文	写以我的好朋友为题的短文。
	辞書の使用	学用笔画部首查字典或词典。
	簡単なスキット作り・作文	用口语写短剧。用书面语写帖给老师。
	各種の実用文	写便笺或短文。
	劇・詩・番組・歌などの分析	学习唱〝茉莉花〟，并讨论歌词。
	世界史・地理・美術などの物語の暗誦	介绍郑和航海的经过。
	現代問題の研究調査に基づいた分析	报导环保问题。
	学生の出版物への投稿	对学生是否应该穿校服发表意见。

CLASS（1999）を参考に作成

3.3 「できる」目標を実現するためのコンセプト

「できる」教育を目指す世界の動きから、外国語教育に学習者の「できる」力を育成するための新しいコンセプトがいくつか見出される。それは、「できる」目標を実現させる中国語教育においても、大変重要な意味をもっている。ここでは、これらの新しいコンセプトを以下の3点にまとめて説明したい。

　コンセプト1：外国語学習は従来の学校教育の一環から生涯教育の一部へ転換すべきである。

　それは3つの意味合いをもっている。1つは、アメリカのNSのように、外国語学習は教室の中で行われるだけではなく、教室→コミュニティ→社会へ広がるべきである、ということである。2つ目は、学校教育の一環としての外国語学習を、学習者が学校教育を終えた後でも、生涯を通じて役立つものにしなければならない、ということである。3つ目は、言語学習は一生続く長期的な営みである、ということである。例えば、ヨーロッパでは、CEFRは決して学校教育のためだけにある枠組みではないと明言している。そのため、生涯学習ができるように、自律的な学習者の育成にも重点が置かれている。

　コンセプト2：外国語教育は、従来の教育者中心から学習者中心へ転換すべきである。

　いままでの外国語教育では、学習内容を選択する際に、教師が言語構造

を重視した学習内容を決め、いわば教育者中心になっていたが、それと違って、学習者の関心のある話題、学習者のよく遭遇する場面・環境、学習者が果たしたい役割などを基準に学習内容を定めるという学習者中心への転換が、世界の外国語教育改革の１つの共通点となっている。

　また、学習内容を導入する順序においても、いままでは、教育者が理解している言語構造の難易度をそのまま学習者の「学習難易度」と見なし、それをもって学習順序を決め、学習活動を展開してきた。しかし、この難易度なるものの大半は、文構成が文法の体系に沿っているものは教育者にとって説明しやすいので「易しい」と判断され、沿っていないものは説明しにくいので「難しい」と判断される、というふうにできたものであった。実際は、教育者が文法の体系を基準にして制定した学習進度が、必ずしも学習者の学習の難易度に対応しているとは限らない。つまり、文法体系に沿っていないものは、学習者に理解しにくい、応用しにくいとは限らないのである。そのような一見学習者中心のつもりで行われる教育実践も、その本質は教育者中心のものになっている。例えば、"这是什么？／这是中文书。"と"您贵姓？／我姓王。"の会話文のどちらを先に教えるかの問題を考えるときに、教師の「難易度」を基準にすれば、前者を先に教えるべきとされるだろうが、学習者のニーズを基準にすれば、後者こそ先に教えるべきではなかろうか。

　さらに、教え方においては、学習者が受動的になって、教師が彼らの学習活動を「指導する」のではなく、学習者が主役になって、教師が彼らの学習活動を見守り、「援助する」のである。「できる」教育は学習者の能動性を無視する「機械的」な教育ではなく、学習者の能動性を最大限に引き出す「創造的」な教育である。そういう意味で、「できる」教育には、学習者自身が自律的に学習主体としての役割を果たすことが期待されている。

　コンセプト３：外国語教育の展開は、従来の「文法」重点から「機能」重点へ転換すべきである。

　「文法」重点の外国語教育では、言語の場面があっても、その「文法」を使ってなにができるかという「言語機能」に対する意識の育成が行われ

ないため、「覚える」「わかる」外国語だけで、「使える」「できる」外国語まで上達にしない。世界の外国語教育改革の動きでは、学習の重点は文法や文型の正確な操作ではなく、メッセージの伝達という「言語機能」、すなわち、「誰が、誰に、どこで、何のために話すのか」という機能に重点をおき、その機能を果たすために最適な「表現」を「文法」学習の形で導入することが目指されている。当たり前の例だが、"対不起"を「可能補語」という文法知識の説明の後で導入すべきだと言う人はまずいないであろう。

【第３章参考文献】

1. Chomsky, N. 1965 *Aspects of the theory of syntax.* Cambridge, Mass.：MIT Press.（邦訳『文法理論の諸相』、安井稔訳、1970、研究社出版）
2. Hymes, D. H. 1972 On communicative competence, In Pride, B. & Holmes, J.(eds.), *Sociolinguistics*, Harmondsworth, England：Penguin Books.（邦訳『ことばの民族誌——社会言語学の基礎』、唐須教光訳、1979、紀伊國屋書店）
3. 小山内洸 2002 『英語科授業論の基礎——コミュニケーション重視の言語教育理論研究』 リーベル出版
4. 田中茂範・アレン玉井光江・根岸雅史・吉田研作 2005 『幼児から成人まで一貫した英語教育のための枠組み——ECF』 リーベル出版
5. Canale, M. & Swain, M. 1980 'Theoretical bases of communicative approaches to second language teaching and testing'. *Applied Linguistics* Vol. 1, No. 1, London：ford University Press.
6. Ellis, R. 1994 *Implicit and explicit learning of language.* New York：Academic Press.
7. Bachman & Palmer 1996 *Language testing in practice*：*Designing and developing useful language tests.* Oxford University Press.（邦訳『実践言語テスト作成法』、大友賢二・Randolph H. Thrasher 監訳、2000、大修館書店）
8. 吉島茂［ほか］訳・編 2004 『外国語の学習、教授、評価のためのヨーロッパ共通参照枠』 朝日出版社
9. 藤原美枝子 2003 「ヨーロッパにおける言語運用能力評価の共通フレームワーク——コミュニケーション能力の新しい理解をめぐって」、『言語と文化』（甲南大学国際言語文化センター）第７号

10. 上田倫史・大和田和治・大矢政徳・筒井英一郎　2005「社会へつなげる大学英語教育」、『英語教育グローバルデザイン』（中野美知子・早稲田大学教育総合研究所編、学文社）
11. 国家对外汉语教学领导小组办公室　2002《高等学校外国留学生汉语教学大纲（短期强化）》北京语言文化大学出版社
12. 国家对外汉语教学领导小组办公室　2002《高等学校外国留学生汉语教学大纲（长期强化）》北京语言文化大学出版社
13. 財団法人国際文化フォーラム　2007『高等学校の中国語と韓国朝鮮語学習のめやす（試行版）』
14. 真嶋潤子　2007「到達度評価（CEFRとNS）——大阪外大の試み」中国語教育学会第5回全国大会国際シンポジウム報告書
15. 林游岚　2007「美国汉语课程的衔接与AP测试简介」中国語教育学会第5回全国大会国際シンポジウム報告書
16. CLASS 1999 Standards for Chinese language learning, National Standards in Foreign Language Education Project(ed), Standards for foreign language learning in the 21st century, Allen press, Inc.

第4章

「できる」力の育成とコミュニカティブ・アプローチ

4.1　コミュニカティブ・アプローチの誕生

　文法訳読教授法の誕生以来、これまでさまざまな外国語教授法が提唱され、実践されてきた。そして「翻訳を介在させると意味が適切につかめない」(直接教授法)、「口頭練習を繰り返すと言語習慣が形成される」(オーディオリンガル教授法)、「学習者が欲するまで発話を強要すべきではない」(サイレント・ウェイ教授法)、「学習を促進させるには音楽を聞かせて学習者をリラックスさせるのがよい」(暗示式教授法) といった種々の主張がなされてきた。しかし、これらの教授法は、いずれも言語習得観の違いに支えられた「教え方」のバリエーションであり、その背景には、どんな教え方を採るにせよ、とにかく文法知識の習得が重要であり、それさえ身につければ後は自然に使えるようになるはずだという暗黙の前提があった(小林、1998)。つまり、「わかる」力の育成が目標とされていて、「できる」力の向上は、教室を出てからの学習者各自の言語経験に任せられてきた、というのが実状なのである。

　1960年代中頃、認知心理学の台頭をきっかけとして、外国語教育理論および実践のバイブルであったオーディオリンガル教授法に対する批判が投げかけられるようになった。その批判の焦点は主に以下の2点にまとめられる。①「言語能力」対「伝達能力」の問題：オーディオリンガル教授法では、文型模倣などの口頭練習によって言語能力(いわゆる「わかる」力)の育成はできるが、言語の実際の運用能力、すなわち伝達能力(いわゆる「できる」力)の育成は無視される。②「形式」対「意味」の問題：オーディオリンガル教授法では、言語構造・形式の習得に重点をおくが、文の意味やそれが使われる場面についての理解が無視される(縫部、2001)。

　そこで、前述したように、Chomsky の理論と対抗する Hymes のコミュニケーション能力に関する考えが、外国語教育の分野にいち早く取り入れられるようになった(小山内、2002)。特に、彼の「言語機能」という概念の登場によって、コミュニケーションの中で言語機能を使う能力の獲得が外国教育の目的として掲げられるようになり、シラバス編成も「言語機能」を中心とするようになった。そうした試みを通じて70年代の中頃から次

第にさまざまな新しい教え方が開発された。その中に、D. A. Wilkins (1976) に代表される Notional-Functional Approach と、C. Brumfit (1979) に代表される Methodological Approach がある。

　前者は、学習者のニーズ分析から必要とされる概念・機能を選定し、それを中心にシラバスを構成し、授業の中で実現するという教授法である。例えば、ある機能（例えば「尋ねる」）が学習内容に設定されたら、その機能を含む場面（例えば、「道に迷った」状況）が提示され、その後その機能の表現方法（例えば、"去～～怎么走？" "～～，往哪儿走？" "～～在哪儿？"）を取り出して練習し、次にそれらの表現を別の文脈中でのドリル活動や、ロールプレイ活動によって、現実の言語使用に近い形で総合的に練習することになる。つまり、「機能→文法理解→ドリル→コミュニカティブな活動」の順で授業を展開するのである。

　後者では、学習者のニーズは、特に一般的な言語学習者の場合には、容易に確定できるものではないことから、まず学習者に言語使用の実際に近い談話を与えて、そこから言語構造や機能を拾い出してコミュニカティブな練習を行い、必要に応じて説明を加えるという授業のパターンが提案されている。要するに、「コミュニカティブな活動→ドリル→文法理解→機能」という前者とちょうど逆の方向で授業を展開するわけである。

　それらの教授法はいずれも「コミュニケーション能力」の育成を目標としているところから、「コミュニカティブ・アプローチ」と呼ばれている。言い換えれば、コミュニカティブ・アプローチとは、コミュニケーション能力の獲得を目的とする教授法の総称なので、特定のメソッドや教室の手順を示すテクニックではない。その意味では、コミュニカティブ・アプローチは「教授法」と言うより「考え方」と呼ぶ方が適当である（小林、1998）。

4.2　コミュニカティブ・アプローチによる授業の本質

　D. L. Freeman（1990）は外国語教授法を評価する際に10の質問を問うことを勧めている [注1]。筆者は教育心理学の教授―学習に関する視点か

ら、この10の質問を参考に、以下の7つの問題項目を提案し、コミュニカティブ・アプローチを用いた外国語授業の本質を追究してみたい。

①授業の目標はなにか？

コミュニカティブ・アプローチ誕生の歴史が我々に告げているように、コミュニカティブ・アプローチの目標は学習者にコミュニケーションのための伝達能力を身につけさせることである。つまり、「できる」力を育成することである。

②言語の側面、言語の技能、言語と文化、がどう扱われるか？

コミュニカティブ・アプローチでは、言語の「機能」側面が言語の「構造」側面よりも強調される。典型的には「機能重視型」シラバスが使われる。それぞれの機能に対して、さまざまな構造が導入される。また、1つの機能に対して、単純な構造から複雑な構造への順で表現が導入される。例えば、「買い物」の機能を例にすれば、以下の構造難易度の順が考えられる。

機能	構造	表現例
购物	数词＋量词＋名词	两包茉莉花茶。
		请拿两包茉莉花茶。
问价	～多少钱？	这包茉莉花茶多少钱？
	～怎么卖？	这种茉莉花茶怎么卖？
砍价	能不能～？	能不能便宜一点儿？

また、コミュニカティブ・アプローチでは、学習者は最初から言語の4技能——「話す」「聴く」「読む」「書く」——のすべてに取り組む。口頭のコミュニケーションが話し手と聞き手の交渉を通して生じると見られているように、書きことばの意味も、読み手と書き手の相互作用を通して引き出されると考えられる。もちろん、書き手が目の前にいて、読み手から直接フィードバックを受けることはないのだが、読み手は書き手の意図を理解しようとするし、書き手は読み手の視点を念頭において書く。したがって、このアプローチでは、言語の4技能を、「話す⇔聴く」「読む⇔書く」

という相関的かつ双方向的なコミュニケーションの回路として総合的にとらえるのである。

さらに、コミュニカティブ・アプローチでは、言語─文化の関係が重視される。言語はコミュニケーションのためにあり、意図した意味を適切かつ円滑に伝えるためには、例えば贈り物における"送礼不送钟""送双不送单"といった習慣など、相手の文化に関する知識を使って社会的な状況をも考慮に入れる必要がある。そのため、このアプローチでは、コミュニカティブな活動における身ぶりや表情など非言語的伝達手段の活用も勧められている。

③教室活動の特徴はなにか？

コミュニカティブ・アプローチを用いた授業の教室活動は、真にコミュニカティブな活動である。Morrow（1981）によれば、真にコミュニカティブな活動は、以下3つの特徴をもっている：(a)情報の欠落がある（information gap）、(b)自由選択ができる（choice）、(c)フィードバックが得られる（feedback）。これらはコミュニカティブ・アプローチを他の教授法と区別する最も重要な特徴である。ここでは、それぞれの特徴を詳しく分析したい。

(a)情報の欠落

実際のコミュニケーションでは、話し手と聞き手の間には情報量の差が存在している。この情報量の差を「情報の欠落」と呼ぶ。コミュニケーションの目的の1つは、この情報量の差を埋めることにある。「情報の欠落」があるという特徴は、教室のほかの言語活動との違いをもたらす。ここで、中国語授業における「存現文」の練習を例として、「情報の欠落」のある教室活動と従来の教室活動を比較してみよう（表4-1）。

表 4-1 「存現文」を練習するための教室活動

種　類	形　式	焦　点
置き換え練習 (パターン練習)	(1)桌子上有<u>一本书</u>。 　　　<u>一枝笔</u>／<u>一封信</u> (2)<u>你的书</u>在桌子上。 　　<u>你的笔</u>／<u>你的信</u>	言語構造
問答練習 (実物提示)	Q：桌子上有什么？ A：桌子上有<u>一本书</u>。 　　　<u>一枝笔</u>／<u>一封信</u> Q：<u>我的书</u>在哪儿？ A：<u>你的书</u>在桌子上。 　　<u>你的笔</u>／<u>你的信</u>	文型の意味
カードゲーム (違いを探す)	Q：桌子上有书吗？ A：桌子上有（一本）书。 Q：桌子上有几本书？ A：桌子上有<u>一本</u>书。 Q：<u>电视机</u>在哪儿？ A：<u>电视机</u>在柜子上。	言語機能

　従来の「置き換え練習」の場合、この練習の目的は、「場所＋"有"＋存在物」と「存在物＋"在"＋場所」という文型を覚えることと口慣らしにある。文の構造と文型の意味を定着させるためのこのような機械的練習においては、教師も学習者も、話し手と聞き手のメッセージ（話された内容）については意識していない。学習者に求められるものは、文法的正確さと正しい発音のみである。

　また、従来の「問答練習」の場合では、教師が実際にそこにある本や手紙を指し示しながら、文型を使った「問―答」が行われる。この練習は、具体的な状況の中で言語が使用されており、メッセージにも注意が向けられている。しかし、この活動では、教師も学習者も「なにがどこにあるか」を知っており、インフォメーション・ギャップ――「情報の欠落」――は存在しない。言語教育の教室の中では、教師と学習者の間に、「今は、文

型を学習しているのだ」「中国語でどう言うかを学習しているのだ」という了解が前提としてあるために、この「問―答」が成立する。

しかし、日常会話では目の前にある本を指し、話し手も聞き手もそれが本であることを知っているような状況で、「本がどこにあるか」を尋ねるようなことはない。つまり、実際のコミュニケーションは、知りたいことがある――すなわち、わからないことがある――というときに尋ねるという点で、上記2つの教室活動とは決定的に異なっているのである。言い換えれば、「置き換え練習」の焦点は言語構造にあり、「問答練習」の焦点は言語構造と文型の意味にあって、いずれにおいてもコミュニケーションそのものは実は行われていないのである。

これに対して、表4-1のカードゲームが示すように、異なるカードをもつ学生がお互いの絵の内容を見せ合わせないことを前提に絵の違いを探し出す、といった活動こそ、実際のコミュニケーションに近い。そこにコミュニケーション・ギャップがあって、話し手が「どこになにがあるか」本当に知らないものについて質問するからである。このような活動では、焦点は当然言語の機能にある。

(b)自由選択

「自由選択」とは、コミュニケーションで、なにを言うか、どう言うかについて、学習者が自由に選択できるということである。もし教室での練習が厳しく管理されていて、学習者が言うべき内容や形式が、教師によってあらかじめ決められており、学習者自身には選択の余地がなければ、そのやりとりは真のコミュニカティブな活動ではない。例えば、"你是哪个大学的？""你学什么专业？"などを用いてチェーンドリルを行う場合では、学習者は、隣の人がほかの人の質問に答えたのと同じように、その人の質問に答えなければならない。その学習者には言語の形式や内容に選択の余地がないので、本当のコミュニケーションは起こらない。そのため、質問を聞き終える前に答えを言ってしまう場合さえ少なくない。

(c)フィードバック

「フィードバック」とは、話し手と聞き手の相互行為の中で、相手から即時的な反応を得ることができるということである。話し手は、聞き手が

どのようにボールを返してくるか、そのフィードバックがどのようなものであるか、によって、次になにを言うべきか、なにをすべきかを決めなければならない。したがって、聞き手が話し手にそのようなフィードバックを与える機会をもたなければ、そのやりとりは真のコミュニカティブな活動ではない。例えば、"你是学生吗？"を"你是不是学生？"と言い換えさせるような疑問文の変形練習は、疑問文の形式に慣れさせるためには意味のある活動であろうが、話し手が聞き手に何の返答も与えないので真にコミュニカディブな活動にはなりえない。

④教師と学習者はどんな関係になるか？

　コミュニカティブ・アプローチによる授業では、教師は学習の援助者である。例えば、コミュニケーションを促進する教室環境を作ったり、活動過程において学習者の質問に答えたり、学習者の行動をモニターしたり、学習者と一緒に教室活動を行ったりするのである。それに対して、主役はあくまでも学習者であり、学習者自身が積極的にコミュニケーションをするのでなければならない。

　また、教師は学習者間のコミュニケーションを促さなければならない。学習者同士は教師の援助を受けつつ、ペア、3人組、小グループ、グループ全体、といったさまざまな形態でコミュニケーション活動を行うのである。

⑤教材の特徴はなにか？

　コミュニカティブ・アプローチでは、まず、学習者のニーズや興味に配慮し、学習者が実際に必要とする活動を取り上げられた教材でなければならないと強調している。例えば、「書く」ための教材では、文型を練習するために単文を作ったり、単に作文を書いたりするのではなく、メモをとる・礼状を書く・書類に記入する、という身近なタスクなどが教材に取り入れられるべきなのである。

　また、生の教材（authentic materials）を使うことが勧められる。つまり、言語教育のために特別に作られた教材ではなく、新聞・雑誌・レストランのメニュー・広告などや、絵・写真・図・表など、母語話者が日常普通に接するものが用いられるべきである。例えば、コミュニケーション能力の

育成を重視したある中国語教科書（絹川ほか、2008）には、実際の"入境登記卡""北京観光地図""列車運賃表"や、キャンパス講座の「お知らせ」、ファースト・フード店の「出前チラシ」などが練習材料として取りいれられている。また、言語教育のために作られた教材の場合でも、本物らしさ（authenticity）が重要である。例えば、話しことばを中心にした教材では、文法解説ではあまり触れる機会がない、しかし母語話者が日常会話によく使う、語気助詞やあいさつ（例えば"谢谢了""不好意思"など）などが採用されるべきである。また、音声の面では、不自然に明瞭すぎる発音やアナウンサーが読み上げているような会話は避けるべきであり、会話の背後に聞こえる音、駅であれば電車の音やスピーカーの雑音なども教材に組み込むべきである、とされる。

⑥学習者の誤りにどう対応するか？

　意思伝達において言語形式を正確に用いることは重要であるのだが、コミュニケーション能力を伸ばすことを目的とするコミュニカティブ・アプローチでは、意思の理解を極端に防げない限り、言語形式や発音の正確さよりも、必要な情報を理解し、言いたいことを伝える能力と意欲のほうを重視する。例えば、"你最近怎么样，忙不忙？"と尋ねられ、"我很忙"という文を答えられなければ、ただ、"我忙"と答えるだけでもいい。つまり、コミュニカティブ・アプローチでは、「とにかく伝える→文法的に正確でなくても適切に伝える→正確かつ適切に伝える」という順を追った上達の過程が考えられているのである。そこにおいて学習者の誤りは必ずしも否定されるべきものではなく、言語を習得する過程における自然な結果と見なされる。もし、学習者の誤りに対して、教師が批判的な態度や細かな訂正ばかり加えたら、学習者の話そうとする意欲を削いでしまう恐れさえある。

⑦学習評価はどう行われるか？

　コミュニカティブ・アプローチでは、学習効果を評価する際に、実際のコミュニケーション機能を取り入れた統合テストが勧められる。その際、教師は学習者の文の正確さだけでなく、流暢さをも評価する。現状では、上述のような実際のコミュニケーションを取りいれたテストの実施は、困

難と考えられるだろうが、現在のテスト形式にコミュニケーション機能を重視した学習評価をくみこむことは不可能ではない。筆者はテストの際、通常の「日文中訳問題」の代わりに「コミュニケーション場面の問題を解決する」という「タスク問題」を取りいれるようにしている。例えば「北京大学に行きたい旨をタクシーの運転手さんに伝えて下さい」「日本から持参したお菓子をわたしながら、中国の知人にあいさつして下さい」という具合である。

　以上の分析をまとめてみると、コミュニカティブ・アプローチの特徴として、①学習内容においては、文法規則より、文法の機能を優先する、②シラバス構成においては、言語構造より、機能的意味を優先する、③学習者中心の学習観を教授上の出発点とする、④言語学習を生きた言語使用に接近させる、などの点が挙げられる。つまり、コミュニカティブ・アプローチでは、実際の教室活動でもできるだけ現実の場面に近づけ、どんな場面で、どんな言い方をして、どのようにコミュニケーションの目的を達成するか、を考えることに重点を置くのである。したがって、コミュニカティブ・アプローチは、外国語教育における「できる」力の育成に適切な「考え方」であると言えよう。

　「できる」力を育成するために、コミュニカティブ・アプローチでは、学習者同士、また学習者と教師が一緒になって、タスク（task）、ロールプレイ（role play）、シミュレーション（simulation）といった現実のコミュニケーションに近い形態の真のコミュニカティブな活動が勧められている。次章では、そうした、「できる」力の育成に効果的な教室活動について考える。

【第4章注】

［注1］Diane Larsen-Freeman（1990）は、著書の『外国語の教え方』に、各種の外国語教授法を比較するために、以下の10の質問を用いた。①この教授法を用いる教師の目標はなにか。②教師の役割はなにか、学習者の役割はなにか。③この教授―学習過程の特徴はなにか。④学習者と教師のやりと

りの性質はどのようなものか。学習者同士のやりとりの性質はどのようなものか。⑤学習者の感情はどのように扱われるか。⑥言語をどのように見るか。文化をどのように見るか。⑦言語のどの面が強調されるか、強調される言語技能はなにか。⑧学習者の母語の役割は何か。⑨評価はどのように行われるか。⑩教師は学習者の誤りにどう対応するか。

【第4章参考文献】

1. 小林ミナ　1998　『日本語教師・分野別マスターシリーズ　よく分かる教授法』　アルク
2. 縫部義憲　2001　『日本語教師のための外国語教育学』　風間書房
3. 小山内洸　2002　『英語科授業論の基礎——コミュニケーション重視の言語教育理論研究』　リーベル出版
4. Wilkin, D. A.　1976　*National syllabuses : A taxonomy and its relevance to foreign language curriculum development.*　Oxford Univ. Press.　(邦訳『ノーショナルシラバス：概念を中心とする外国語教授法』、島岡丘訳注、1984、東京：オックスフォード大学出版局)
5. Brumfit, C.　1979　Communicative language teaching : An educational perspective, In Brumfit & Johnson (eds.), *The Communicative approach to language teaching.*　Oxford Univ. Press.
6. Freeman, D. L.　1986　*Techniques and principles in language teaching.*　Oxford University Press.　(邦訳『外国語の教え方』、山崎真稔・高橋貞雄訳、1990、玉川大学出版社)
7. Johnson, K. & Morrow, K.　1981　*Communication in the classroom.*　Longman Group Ltd.　(邦訳『コミュニカティブ・アプローチと英語教育』、小笠原八重訳、1984、桐原書店)
8. 絹川浩敏・胡玉華・張恒悦・永井英美　2008　『コミュニカティブ中国語 Level 2』　郁文堂

第5章

「できる」中国語を目指すための教室活動

外国語教育のために行われる教室活動は、2種類に大別できる。1種類は、「できる」力を育成するための活動であり、「コミュニケーション活動」(Communicative activity) と呼ばれる。もう1種類は「できる」力の基礎となる「わかる」力を訓練するための活動であり、「前段階的コミュニケーション活動」(Pre-communicative activity) と呼ばれる。「前段階的コミュニケーション活動」には、①機械的置き換えの「ドリル」のような言語構造を中心とした「構造的活動」(Structural activity)、②「言語ゲーム」のような、言語構造をある架空の状況において練習を行う「擬似コミュニケーション活動」(Quasi-communicative activity) があり、いっぽう「コミュニケーション活動」には、①「タスク」のような意思伝達の実現を目的とする「機能的活動」(Functional activity)、②ロールプレイのような、機能的意味だけでなく、特定の場面や人間関係における社会的に適切な意思伝達の実現を目的とする「社会的相互活動」(Social interaction activity) がある（Little wood、1988；小山内、2002）。図5-1はこのような教室活動の分類を示している。

　「前段階的コミュニケーション活動」は、言語形式を流暢に操る能力の訓練を目標としているので、制限された表現内で活動が行われるのがふつうである。したがって、この活動は「制限された活動」(Controlled activity) とも呼ばれる。「コミュニケーション活動」は、言語形式を用いた意味の伝達が効果的に行われることを目的としているので、学習者が言語の表現（なにを言うか、どう言うか）に関しては選択の自由がある。したがって、この活動は「創造的活動」(Creative activity) とも呼ばれる。言い換えれば、図5-1が示したように、教室活動における制限がゆるやかで、非具体的になるにつれて、学習者の創造性の幅が増していくのである。

第 5 章 「できる」中国語を目指すための教室活動　81

```
                           ┌ ①構造的活動                        制限
                           │   eg. 置き換えドリル                 ↑
前段階的コミュニケーション活動 ┤                                  │
                           │ ②擬似コミュニケーション活動          │
                           └   eg. 言語ゲーム                    │
                                                                │
                           ┌ ①機能的活動                        │
                           │   eg. タスク                       │
コミュニケーション活動       ┤                                  │
                           │ ②社会的相互活動                    ↓
                           └   eg. ロールプレイ                  創造性
```

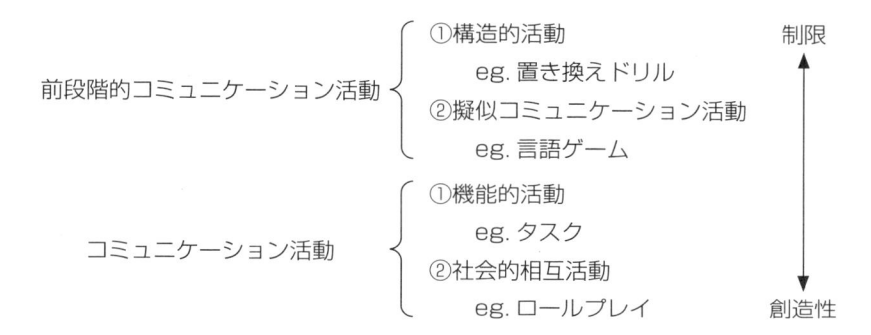

図 5-1　教室活動の種類

Littlewood（1988）、小山内（2002）を参考に作成

　「前段階的コミュニケーション活動」、特に「構造的活動」（例えば、置き換え練習・反復練習・問答練習など）はオーディオリンガル教授法でよく使われている。また、多くの中国語教科書や外国語教育法の論著に紹介されている。そのため、本章では、それについての考察は省き、「擬似コミュニケーション活動」「機能的活動」「社会的相互活動」を焦点に、具体的な例を示しながら、それらの教室活動の展開方法を紹介してみたい。

5.1　擬似コミュニケーション活動：言語ゲーム

　言語ゲーム（language game）というのは、ゲームという架空の状況を利用し、ゲームを楽しみながら、文法知識・規則を練習することによって、形式と意味を関連させる教室活動である。言語ゲームが「擬似コミュニケーション的」なものとして下位区分されるのは、この活動が純粋に言語構造を中心にした「構造的活動」とは対照的に、言語の形式的特徴だけでなく、コミュニケーション的特徴をも考慮に入れているからである（Littlewood、1988）。言語ゲームは、その操作あるいは指導が簡単であるという利点から、教室活動として頻繁に使われている。

　以下、具体例を取り上げて、言語ゲームを行う手順について説明する。

言語ゲーム１：（ジェスチャーゲーム）"他在干什么？"

(目的)
①既習の「動詞＋目的語」の語彙、「動作進行中」の表現の復習。
②スピーキングとリスニングによるやりとり能力の訓練。

(材料)
　クラス人数分の白紙のカード

(方法)
①クラスをＡ・Ｂ２つのグループに分ける。それぞれのグループが相手のグループにしてもらいたい「動作進行中」の文を話し合い、その結果を各自のカードに書いておく。
②グループＡからゲームが始まる。グループＡがグループＢの１人にだけカードを見せ、カードの書かれている通りのジェスチャーを求め、グループＢのほかのメンバーに"他（她）在干什么？"と聞く。
③グループＢはそのメンバーのジェスチャーを見て、"他（她）在＋動詞＋目的語"（例えば、"他（她）在打太极拳"）と答える。
④正解の場合は、グループＡは"对，他（她）在打太极拳"と評価し、カードをグループＢに渡す。不正解の場合は、"不对，他（她）在跳舞"と答えを明かし、カードを残す。
⑤次に同じ手順でグループＢがグループＡに当てさせる。両グループのカードを全部使い終わったら、ゲーム終了となる。
⑥判定。カードを多く取ったグループが勝者となる。

(留意点)
①ウォームアップとして最初に教師のジェスチャーを当てさせれば、ゲームのやり方がよりよく理解され、楽しい雰囲気作りにもなる。
②クラス人数の多い場合は、４グループや６グループにして、２グループ間に対抗させてもよい。
③ゲームの進行に支障をきたさないように、学習者の書いたカードが正しいか、あるいはジェスチャー可能なものかなどを、教師が教室を回ってチェックする必要がある。

利点
①ジェスチャーを通して、動作を推測しながら語彙・文型の練習ができるので、活気が出て楽しく学習できる。
②動作で中国語を表現することは、恥ずかしさを取り除くのに役立ち、学習効果の向上が期待できる。

応用
"猜猜这是什么?""猜猜这是什么运动?""猜猜这是什么动物?"などのタイトルで、品物・スポーツ・動物に関する単語の練習や「動詞＋目的語」の語彙の練習をすることもできる。

活動記録
某大学初級クラス学習者12人に、動作の進行を表す「"在"＋動詞」の学習後、教科書にいままで出てきた「動詞＋目的語」の組み合わせの単語を読ませて復習し、ゲームのやり方を説明する。その後、グラスを6人ずつのA・B2グループに分け、出題のためのカードを配り、さきほど読んだ単語を参考にしながら、グループ同士で話し合って問題を決める。

問題準備段階

A5 ：え〜、なにを書けばいいの。
A6 ：難しいのを出そう。
……
A2 ：（A1の"穿毛衣"をみて）どうして消したの。
A1 ：（A6のカードを指差して）かぶってる。（言いながら"看书"に直す）
A2 ：それは簡単だから、「音読する」ほうにして。
A1 ：そうだね。（さらに"念书"に直す）
……
B5 ：（カードに漢字およびピンインで"在车站"と書く）
教師：「彼はなにをしていますか」という問いに「彼は駅にいます」と日本語では答えますか？
B5 ：（困惑）
B4 ：（頭を横に振る）

教師 ：「彼はどこにいますか」なら「彼は駅にいます」と答えますね。動作で問題を出さないと。
B5 ：だめか。("去车站"に直す)

問題発表段階

An ：他在干什么？
B2 ：(A2から渡されたカードをみて、ハンドルを握って運転するふりをする)
Bn ：車の運転？
B2 ：(運転するふり、足を椅子にかけて休むふりをする)
Bn ：え〜、なに、それ？
B2 ：(運転、休むふりをして、さらに、望遠鏡で遠方を見るふりをする)
Bn ：え〜、分からない。
　　　ますます分からない。
教師 ：じゃ、最終結論を出しましょう。もう一度聞いてください。
An ：他在干什么？
Bn ：(迷いながら) 他在开车。
An ：不对，他在坐船。
Bn ：ええ、それか！
……
Bn ：她在干什么？
A4 ：(B4から渡されたカードをみて、頭を上げ、豪快な飲みぶりをする)
An ：あ〜、わかった。她在喝啤酒。
教師 ：对不对？
Bn ：对，她在喝啤酒。
……
An ：他在干什么？
B5 ：(A5から渡されたカードをみて) え、え、これどうやるの。(頭を抱えて悩む) あっ、わかった。(片手にボトルを持ち、もう片手でふたを取るふりをする)

B6 ：ああ〜、わかった。お前好きなやつだろう。え〜、なんだっけ（同じグループのメンバーに助けを求めるが、応答なし）……"奶牛"か。
B4 ：それか。単語はなんだっけ。（教科書を見ようとする）
教師：今は教科書を見るのは禁止。
B3 ：覚えていない。
教師：じゃ、答えて下さい。質問のほうから。
An ：他在干什么？
B6 ：（自信なさそうに）他在喝奶牛。
教師：対吗？
A3 ：对。
A2 ：単語が間違っている。
教師：じゃ、間違いですね。
An ：不对，他在喝牛奶。
B6 ："牛奶"か。逆だった。
教師：（黒板に"牛奶""奶牛"を書き、意味の違いを説明する）
A＋B：乳牛を飲む！（笑う）

言語ゲーム２：（メモリゲーム）「なにをみた？」

目的
①既習の語彙・文型表現の総合練習。
②状況に合ったライティング能力の訓練。

材料
クラス人数分の絵（図5-2）と紙。

方法
①クラスの１人１人に絵を配り、３分間ほど時間を与えて、絵の内容を記憶させる。
②時間になったら教師が絵を回収し、紙を配る。絵に描かれていた内容を思い出しながら、紙に自由に中国語文を書かせる。
③教師が絵を再度提示し、学生が書いた文を口頭で報告し、ほかの学生が教師と一緒にその文を採点する。報告された文が絵の内容と一致し、か

つ文法的にも正しい場合は、得点を得られる。
④最終判定。得点の高い学生が勝者になる。

図5-2　メモリゲームに使う絵

留意点
①できるだけ多くの文を書かせるようにするために、学生のレベルによって、最低何センテンス以上を書くとか、あるいは同じ文型の反復を避けるなどの条件を設けるのも刺激になる。
②クラス全員を席順で発表させるより、教師がレベルの低い学生から高い学生へという順で当ててゆくと、易から難への問題解決の方向になり、それぞれのレベルの学生の意欲を引き出すことができる。
③1人の学生が発表するとき、ほかの学生の集中力が分散することを避けるために、採点シートを配ってもよい。

利点
①絵を覚えてその内容について自由に中国語を作成するため、学生は自分の能力に応じて自分のことばで文を書くことができ、積極的に活動に取り組むことができる。
②発表することによって、学生間の相互学習の機会をもたらす。

応用

絵の内容を過去の出来事、あるいは未来の出来事と仮定して取り組ませると、「動詞＋"了"」「"要……了"」の練習もできるし、あるいはカラーの絵を採用すると、色に関する語彙の練習もできる。

回答例 （初級クラス）

①得点した文

男的看着报纸。

爸爸看着报纸。

他正读着报纸呢。

男人在看报纸。

男人戴着眼镜。

女的弹着钢琴。

女的看着乐谱。

妈妈弹着钢琴。

她正弹着钢琴。

她很漂亮。（議論した結果、認められた）

现在三点。

现在下午三点。

猫在桌子下。

猫在睡觉。

猫正在睡觉。

猫在桌子下面睡觉。

②得点できなかった文

爸爸妈妈在。

他见报纸。

她弹。

她训练钢琴。

她是很愉快。

猫睡觉着。

女的坐着椅子。

他们坐在椅子上。

桌子的下在猫。

她爱他。（議論した結果、認められなかった。以下同様）

他是善良的人。

他们是夫妇。

今天星期天。

5.2　機能的活動：タスク

　「タスク（task）」という用語は、一部の教科書・論著では「作業」という日常的な意味として解釈され、「ドリル」と同じく、単なる文法練習作業の意味に用いている教科書もある（相原ほか、2008）。しかし、コミュニカティブ・アプローチの発展につれ、「タスク」の概念は専門用語化され、現在は「あるコミュニケーション目的を成し遂げるために行う作業や課題」と定義されている（小山内、2002）。

　例えば、Wills（1999）がタスク中心の学習活動を論じる著書に、次の例を挙げて、「タスク」の概念を説明している。教師が学習者に絵を見せた後、それを隠して、「絵にあったことをもとに4つの文を作り、相手に言いなさい」と指示して行わせる作業は、「タスク」ではない。なぜなら、この作業は、コミュニケーションの目的のためになにかを達成して結果を出すものではないからである。しかし、同じことを「絵の内容について、4つの真実の文と2つのうその文を書き、それを相手に読んで本当のことを言っている文がどれか当てさせなさい」とすれば、その作業は「タスク」となる。本書では、「タスク」をこのようなコミュニカティブ・アプローチの専門用語として扱う。

　タスクは、学習者をある課題に取り組ませ、その課題解決の過程の中で目標言語を理解し使用する機会を与えることによって言語習得の促進を目指す。近年、学習者のニーズに合わせ、タスクを選び、タスクを中心にシラバスを編成し、授業を組み立てるという「タスク中心教授法」（task-based instruction / task-based language teaching）が提唱されるようになっ

ている（例えば、高島、2000；白畑、1999）。タスク中心教授法は、「相互交流仮説」(Interaction Hypothesis) を「アプローチ」としている。すなわち、意味を伝え合おうとする双方向の努力（意味交渉：negotiation of meaning）が、学習者に理解可能なインプットや、相手からのフィードバック、およびアウトプットの機会などを与えるため、言語習得が促進されるとするのである。

効果的なタスクは、①到達点が明確である、②情報交換を必要とする、③実際のコミュニケーションと同じ、または類似した作業である、④内容が現実の社会活動と深く関わっており、学習者の興味・関心、および知的レベルに合っている、などの特徴をもっている。以下では、具体例を取り上げて、タスクを行う手順などについて説明する。

タスク１："介绍新朋友"
目的
タスク・シートの自分に関する情報をもとに、それを相手に伝えたり、また、友達の情報を得たりすることによって、名前の聞き方、国籍の聞き方、職業の聞き方およびその答え方を練習する。
材料
タスク・シートA、シートB、シートC、シートD（表5-1.1〜5-1.4）
方法
① ４人で１つのグループになり、それぞれタスク・シートA、B、C、Dを配布する。教師が学生にタスク・シートに書かれている中国語の意味およびタスクの内容を説明し、タスク・シートを互いに見せ合わせないように注意する。
② まず、シートAを持つ人がシートBの人に、シートCを持つ人がシートDの人に話しかけ、自分のシートに基づいて自己紹介する。この後、シートBを持つ人がシートAの人に、シートDを持つ人がシートCの人に自己紹介をする。
③ お互いに情報交換ができた時点で、グループ内でAさんがBさんを、BさんがAさんを、CさんとDさんに紹介する。同様に、CさんがD

さんを、DさんがCさんを、AさんとBさんに紹介する。

④最後にお互いのシートを見せ合わせ、タスクの完成度を評価する。

 留意点

①活動をする前に、教師がタスクに必要な会話例（例えば、名前を聞くときの"你叫什么名字？""您贵姓？"、国籍を尋ねるときの"你是哪国人？""请问，你是中国人吗？"、職業を尋ねるときの"你做什么工作？"、友人を引き合わせるときの"我来介绍一下，……"など）を学生と一緒に復習し、表現のバラエティーを用意しておく。

②紹介している場面がより自然に近いように、ジェスチャーを交えるなど、前もって指示しておく。

③この活動は、単元を復習するとき、あるいはテストをするときに用いてもよい。

 利点

①日常生活によくある「紹介」の場面を利用した会話活動によって、自分のことについて相手に伝えたり、相手の情報について尋ねたりする能力、また、情報交換を通して得た友達に関する情報を介しつつほかの人に紹介したりされたりする場面への対応能力が訓練される。

②「紹介」する場面を通して、ことば以外のコミュニケーション手段（例えばジェスチャーなど）、文化の側面（例えば、初対面の礼儀など）にも触れることができる。

 応用

中国語を学び始めたばかりの学生の場合は、グループの人数を減らして、ペアでの自己紹介のみのタスクにしてもよいし、レベルの高い学生の場合では、インフォメーション量を増やしたり（例えば、名前、国籍、職業のほか、名前の書き方なども入れる）、グループ人数を増やしたりする（例えば、大勢の人と出会える国際会議のパーティーの場面とする）ことも可能である。

表 5-1.1

```
タスク・シート A
```

1. Bさんと会話をして、彼（彼女）の名前や出身地、職業を聞き、下の表を埋めましょう。

	あなた	友達1	友達2	友達3
名前	张力			
出身地	中国上海			
職業	銀行職員			

2. 知り合ったBさんのことについて、グループのほかの2人に紹介しましょう。
3. 紹介されたら、上の表にその人たちのことを記入しましょう。

表 5-1.2

```
タスク・シート B
```

1. Aさんと会話をして、彼（彼女）の名前や出身地、職業を聞き、下の表を埋めましょう。

	あなた	友達1	友達2	友達3
名前	大山一郎			
出身地	日本大阪			
職業	学生			

2. 知り合ったAさんのことについて、グループのほかの2人に紹介しましょう。
3. 紹介されたら、上の表にその人たちのことを記入しましょう。

表 5-1.3

```
           タスク・シートC
```
1. Dさんと会話をして、彼（彼女）の名前や出身地、職業を聞き、下の表を埋めましょう。

	あなた	友達1	友達2	友達3
名前	李小华			
出身地	中国北京			
職業	日语老师			

2. 知り合ったDさんのことについて、グループのほかの2人に紹介しましょう。
3. 紹介されたら、上の表にその人たちのことを記入しましょう。

表 5-1.4

```
           タスク・シートD
```
1. Cさんと会話をして、彼（彼女）の名前や出身地、職業を聞き、下の表を埋めましょう。

	あなた	友達1	友達2	友達3
名前	金大中			
出身地	韩国			
職業	公司职员			

2. 知り合ったCさんのことについて、グループのほかの2人に紹介しましょう。
3. 紹介されたら、上の表にその人たちのことを記入しましょう。

活動記録（初級クラス）

A⇔B

　A：你叫什么名字？

B：我叫大山一郎。你呢？
A：我叫张力。你老家在哪儿？
B：我老家在日本大阪。你呢？
A：我老家在中国上海。你做什么工作？
B：我是学生。你呢？
A：我是银行职员。

C⇔D
C：你叫什么名字？
D：我叫金大中。
C：你是哪国人？
D：我是韩国人。
C：你做什么工作？
D：我是公司职员。你叫什么名字？
C：我叫李小华。
D：你是哪国人？
C：我是中国人。
D：你做什么工作？
C：我是日语老师。

A（B）⇔C・D
A：我来介绍一下，他叫大山一郎，他是日本人，他是学生。
C・D：你好。（手を出して握手を求める）
B：你们好。（手を出して握手をする）

C（D）⇔A・B
C：他是我朋友，叫金大中。韩国人。他是公司职员。
D：初次见面，请多关照。（お辞儀をする）
A・B：初次见面，请多关照。（お辞儀をする）

タスク２："比一比 说一说"

目的
身近な人や事物を話題に、比較文を使ってお互いの意見を伝え合う。

「材料」
タスク・シート(表5-2)
「方法」
①タスク・シートをクラス全員に配布する。教師がシートに書かれているタスクを説明する。
②学生がペアでお互いの意見を言いあう。
③友達の意見も参考にしながら、自分の考えをタスク・シートに書く。
④クラスで意見を発表し、クラス全員で評価する。
「留意点」
①活動を始める前に、教師がタスクに必要な表現例(例えば、"A 跟 B 一样 + a""A 比 B + a""A 没有 B + a")を学生と一緒に復習し、表現のバラエティーを用意しておく。
②教師が事前に事実関係に関するデータを用意し、クラス全員で評価するときに報告すれば、説得力がアップし、学生の意欲を引き出すことができる。
「利点」
①日中の比較を通して、文化の側面に触れる機会にもなる。
②学生の常識では判断の間違いやすいタスクを選ぶと、教師の事実報告(例えば、中国では、レバーの値段がふつうの肉より高い、等)を聞いた後の「驚き」が脳の活性化につながり、学習効果のアップが期待できる。
「応用」
　レベルの低い段階では、1～2項目の比較(例えば、気温・湿度という季節の比較)が適切だが、レベル高い段階では、多項目の比較(例えば、料金・食事・距離・交通手段の比較を含む旅行プランの検討；値段・見た目・実用性の比較を含むプレゼント選び)をさせることも可能である。

表5-2

```
                    タスク・シート
1. それぞれ指示された順に並び替えてください。
   ①日本での、スポーツの人気度の順に！
      野球      サッカー
   ②中国での、スポーツの人気度の順に！
      卓球      バレーボール
   ③８月の気温、暑さの順に！
      上海      東京
   ④２月の気温、寒さの順に！
      北京      北海道
   ⑤中国での、値段の高さの順に！
       猪肉（ふつうの豚肉）   猪肝（レバー）
2. 比較文を使ってペアで会話をし、お互いの意見を言いましょう。
3. 友達の意見も参考にしながら、下の欄に自分の判断を書きましょう。（友
   達と同じにする必要はありません）

順番を書く欄
1.
2.
3.
4.
5.
```

5.3 社会的相互活動：その１　ロールプレイ

　「ロールプレイ」（role play）というのは、与えられた状況のもとで、ある人物の立場に立ち、どのようなやりとりをするかを学習者自身が自分で考えながら課題を解決する「コミュニケーション活動」である。課題を達成するという意味では、「ロールプレイ」も「タスク」の１種であるが、

ロールプレイを行う際に、学習者がことばの「機能的」意味だけでなく、「社会的」意味にも注意を払わなければならないという点が、上記のような他の「タスク」と大きく異なっている。

友人2人がある町の2点間を結ぶ最短の近道をさがすという「コミュニケーション活動」を例にして言えば、一般の「タスク」では、学習者は使用可能などんな表現を用いて問題を解決してもよかったが、「ロールプレイ」の場合では、学習者は機能の面で効果的であるだけでなく、そういう状況で知人同士がどういう表現を用いるかという社会的習慣にも合致した表現でコミュニケーションを図るようにしなければならない。

このような違いによって、「ロールプレイ」には、より大きい自由選択の度合い・創造性がもたらされる。実生活での会話にはシナリオがなく、予期しないことにも対応していかなければならないが、それと同様、ロールプレイでもシナリオは与えられておらず、異なった場面・状況・役割（人間関係）のみが与えられ、学習者自身がその場面に適切な表現を選んで会話を進めていかなければならない。そのため、ロールプレイの教室活動は教室外で出会う実際のコミュニケーション場面により近い。したがって、ロールプレイによる練習活動は、実生活での会話に踏み出すための最終的準備であると言ってよい。

ロールプレイでは、強い制限を設定することもできるし（例えば、教師が学生に、彼らが誰であり、なにを言うべきかを指示する）、逆にあまり制限しないように設定することもできる（例えば、教師が学生に、彼らが誰であるか、どういう場面であるか、なにについて話をしているか、を指示するが、なにを言うかは学生が決める）。以下では、具体例を踏まえながら、ロールプレイの展開方法と実施手順などを紹介する。

ロールプレイ1："打电话"

目的

電話でのコミュニケーションを上手にこなす。

材料

ロール・カードAとロール・カードB（表5-3.1と表5-3.2）

「方法」
①学生全員に活動のタイトルと目的を確認する。
②ウォームアップ。電話のかけ方などについて、教師の質問に沿って学生みんなで話し合う。自然な会話の中で、ロールプレイに必要な表現を思い出させたり、必要な語彙を導入したり、ロールプレイへの動機づけや楽しい雰囲気作りをしたりする。
③役割を割り振って、それぞれにロール・カードを配る。
④学生にロール・カードをよく読んで、役割・状況・することを十分理解するように指示し、ロールプレイの準備時間を与える。その間、教師が問題のある学生に対して個別に指導する。
⑤学生がペアでロールプレイの練習をする。教師は、学習者間を回り、彼らの発話をサポートする。
⑥学生がクラスの前で発表する。発表者以外の学生が、発表の中で気づいた「表現」や「話し方」などを記録する。
⑦学生同士で記録した内容を交流し、表現の正確さと適切さについて話しあい、教師もフィードバックをする。
⑧表現を考え直し、再度ペアでの練習を行う。
⑨全過程について教師がまとめる。

「留意点」
①ウォームアップの段階では、事前にレベルに合わせて用意した関連資料を学生に読ませて、内容について質問で確認することによって、ロールプレイに必要な表現・語彙の導入をすることもできる。
②ロールプレイ練習の段階では、教師は学生に適切な言い方を直接教えるのではなく、学生の活動を援助する立場に立ちつつ、自分達で考えるように促すべきである。
③学生が言いたいことを紙に書いておき、ロールプレイをするときにそれを読みあげる傾向がある。それを防ぐために、キーワード以外のシナリオはなるべく書かないように繰り返し指示する必要がある。
④ロールプレイ発表の段階では、発表者以外の学生が発表を注意深く聞くために、聞き方の指導が必要である。例えば、「自分と違うところはど

んなところでしたか」「声の大きさ、話す速さ、視線、表情、体の動き、相づち、方策などに良いところはありましたか」などの質問を提示し、それらのことを念頭において、発表の内容を聞き、感じたことや気づいたことを記録させる。
⑤発表内容について学生の話し合う根拠として、あるいは教師のフィードバックの根拠として、教師が発表の内容を録音するとよい。
⑥学生の間違いについては、教師が学生のロールプレイ練習を見て回るときにそれを書き留めておき、会話の流れを碍げないよう、ロールプレイが終わってから指摘する。

利点
①電話という特殊なコミュニケーション形式においては、お互いに相手が見えないぶん、いっそう表現の適切さが問われるので、より効果的なコミュニケーション能力の訓練になる。
②発表自体もむろん大事だが、自分および他人の発表を吟味することこそ、コミュニケーションの方策に注意を向ける練習になる。

応用
　レベルの低い段階では、単一の役割間（例えば、お互いに友人同士）のやりとり、単純な状況（例えば、あいさつのみ）での電話によるコミュニケーションの練習が適切だが、レベルの高い段階では、上下関係を示す役割間（例えば、教師と学生、上司と部下など）のやりとり、複雑な状況（例えば、私用で休暇をとりたい、あるいは困っていることを頼みたい、など）の応用が可能である。

表 5-3.1

ロール・シート A

役割：中国語サークルに入っている山田さん。

状況：今度の発表会でメンバーの川本さんとコンビを組む予定だが、発表会のスケジュールが変更されたので、急いで川本さんに知らせなければならない。また、時間が少なくなったので、予定していた週末の練習を繰り上げたい。

タスク：川本さんに電話をかけて、下記の変更を伝えて、練習時間を改めてください。

緊急！　　　　　　　　　更改启事

　　因学校教学活动需要，汉语汇报演出的时间和地点特作如下更改，望有关人员做好准备。

　　时间：5月6日　　下午　2：00〜
　　　　　⇒5月1日　　下午　3：00〜
　　地点：阶梯教室　201室
　　　　　⇒阶梯教室　102室

　　　　　　欢迎大家踊跃参加！

　　　　　　　　　　　　　　　　中文俱乐部
　　　　　　　　　　　　　　　　4月26日

他人の発表について気づいたことを書き留めてください。

_____

_____

表5-3.2

> ロール・シートB
>
> 役割：中国語サークルに入っている川本さん。
>
> 状況：今度の発表会でメンバーの山田さんとコンビを組む予定。今週末は2人で練習することになっているが、具体的な時間はまだ決まっておらず、山田さんからの連絡を待っている。
>
> タスク：山田さんからの電話に出て、用件をメモし、練習時間を決めてください。
>
> > 汉语汇报演出
> >
> > 　　汉语兴趣小组将举行一年一度的汇报演出，欢迎全校师生观看并提宝贵意见。
> >
> > 　　时间：5月6日　下午2：00～
> >
> > 　　地点：阶梯教室　201室
> >
> > 　　　　　　　　　　　　　　　　　　中文俱乐部
> > 　　　　　　　　　　　　　　　　　　4月20日
>
> 他人の発表について気づいたことを書き留めてください。
>
> _____
> _____

活動記録 1 （上級クラス）

（下線を引いた間違い表現については、発表の後で説明する）

B：喂，喂。

A：我是山田。

B：哦，山田，你好！<u>怎么了？</u>

A：我想告诉你汉语汇报演出更改了。时间是，本来5月6号，<u>更改了，5月1号下午3点</u>。

B：真的吗？
　　A：真的。地点也改了。本来是阶梯教室201室，<u>改了，阶梯教室102室</u>。
　　B：我知道了。所以我们得练习。
　　A：明天下午怎么样？
　　B：好，明天下午。
　　A：再见。
　　B：再见。

活動記録 2
　　B：喂。
　　A：你是川本吗？
　　B：对。
　　A：我是山田。我有两个事情通知你。一个是我们的活动的时间要改变了，我们<u>开始活动5月1号下午3点</u>，还有一个是地点改变了，在阶梯教室102室。所以我们要练习，提前练习。你有没有时间，……星期天。
　　B：星期天？
　　A：啊，5月1号的上午你有没有时间？
　　B：有时间。
　　A：我们可以练习。
　　B：好，再见。
　　A：再见。

ロールプレイ２："讨价还价"（活動記録）

参加者および時期
　　中級クラスの学生17名。買い物に関する本文の学習の後。

目的
　　買い物場面でのコミュニケーションを楽しく上手にこなす。

材料
　　ロール・カードAとロール・カードB（表5-4.1と表5-4.2）

表 5-4.1

ロール・シート A

役割：買い物客。

状況：桃を買いたい。

タスク：以下の市場価格を参考にして、値段交渉をしてみてください。

水果市场价	
苹果　10.00／斤	葡萄　20.00／盒
香蕉　4.00／串	梨　　8.00／斤
桃子　6.00／斤	西瓜　12.00／个

他人の発表について気づいたことを書き留めてください。

_____

_____

表 5-4.2

ロール・シート B

役割：果物屋さん。

状況：果物を売っている。

タスク：以下の市場価格を参考にして、客の値段交渉に対応してください。

水果市场价	
苹果　10.00／斤	葡萄　20.00／盒
香蕉　4.00／串	梨　　8.00／斤
桃子　6.00／斤	西瓜　12.00／个

他人の発表について気づいたことを書き留めてください。

_____

_____

方法

① 買い手と売り手を演じる「買い物」のロールプレイというタスクを全員に伝える。
② ウォームアップ。教科書の買い物に関する本文をもう一度読ませて、買い手と売り手の値段交渉の方策を分析し、まとめる。

　　［方策1］買方：贵了一点儿。
　　　　　　卖方：这是早晨新摘的。
　　［方策2］买方：再便宜点儿行吗？
　　　　　　卖方：不行。我的草莓又大又甜。不信，你尝尝。
　　［方策3］买方：我多买点儿，五块钱两斤怎么样？
　　　　　　卖方：行。
　　［方策4］买方：下次我还来。
　　　　　　卖方：要这么卖下去非赔不可。

③ 役割を割り振って、それぞれにロール・カードを配る。
④ 学生にロール・カードをよく読んで、役割（買い手か売り手か）・状況（なにをどのぐらいの値段で買いたいか、なにをどのぐらい値段で売りたいか）・なすべきこと（どのようにして自分の意志が達成できるか）を十分理解するように指示し、ロールプレイの準備時間を与える。その間、教師が問題のある学生に対して個別に指導する。例えば、

　　［ペア1］学生A：先生、「モモ」はなんといいますか。
　　　　　　教師　：（ペアの相手学生Bに）你知道吗？
　　　　　　学生B：桃子。
　　　　　　学生A：そうか、ありがとう。
　　　　　　教師　：（学生Bに）谢谢！
　　　　　　学生A：（ペアの相手に）谢谢！

⑤ 学生がペアでロールプレイの練習をする。教師は、学習者間を回り、彼らの発話をサポートする。例えば、

　　　　　　学生：先生、「ばら売り」中文怎么说？
　　　　　　教師：单个卖。
　　［ペア2］学生C：今天的买卖怎么样？

学生Ｄ：很好，今天的桃子很好吃。

学生Ｃ：桃子一斤多少钱？

学生Ｄ：六块钱一斤。

学生Ｃ：我买不起，太贵了，非卖不完不可。

学生Ｄ：……。

教師　：高すぎて売れないはずだと言っていますね。言われた人はどう思いますかね。控えめな言い方がありませんか。

学生Ｃ：……。

教師　：こんなに高くては、買う人が少ないよ。

学生Ｃ：这么贵，买的人少。

教師　：这么贵，买的人少吧，不多吧。

学生Ｃ：我买不起，太贵了，这么贵，买的人不多吧。

学生Ｄ：这桃子又新鲜又甜，你尝尝。

⑥学生がクラスの前で発表する。例えば、下記はペア３とペア４の発表記録である。下線を引いた部分は表現の間違だが、伝達に支障をきたさないため、即時の指摘はせず、最終のまとめのときに説明する。また、発表者以外の学生に、(1)安く買うためにどんな方策をとりましたか、(2)高く売るためにどんな方策をとりましたか、(3)どの言い方が自分と違ってよかったですか、(4)２人の会話をどう思いますか、と質問を提示し、発表の中で気づいた「表現」や「話し方」などを記録するよう指示する。

［ペア３］买：桃儿怎么卖？

卖：二十块钱两斤。

买：这么贵啊！　能不能便宜点儿？

卖：这是没使用农药的桃儿。很安全。

买：<u>这桃儿是好吃的样子</u>，我想吃一个。……你单个卖吗？

卖：行，五块钱一个。

买：好，这是五块钱。

卖：谢谢。

买：下次我来的时候，请再便宜点儿吧。

[ペア4] 卖：来！　来！

买：你卖什么？

卖：我卖桃子。很好吃。

买：多少钱？

卖：十块钱一个。

买：太贵了。比那个店贵。我去那个店买桃子。

卖：等等！　我再便宜点儿。

买：多少钱？

卖：五块钱一个，怎么样？

买：哎，怎么办？

卖：对了，你要买三个桃子就加一串香蕉。

买：真的？　那么我买三个桃子。这是十五块钱。

卖：给，拿着。请尽可能早点儿吃。

买：谢谢，下次我还来。

⑦学生同士で記録した内容を報告し、表現の正確さと適切さについて話しあい、教師もフィードバックをする。例えば、以下はペア3・4の発表後の話しあいの一部である。

教師：顾客是怎么讨价还价的？

学生：这么贵。便宜点儿吧。

教師：那，卖主是怎么对应顾客的讨价还价的？

学生：安全。不用农药。

教師：（アクセントで適切な言い方に気づかせる）
　　　对，没有使用过农药，所以很安全。

教師：他们什么地方说得跟自己不一样，比自己好？

学生：また買い物に来るから、と約束しておく。

教師：对。他们是怎么说的呢？

学生：下次来的时候，请再便宜点儿吧。

教師：对。还有吗？

学生：她说，请尽可能早点儿吃。很……優しい。

教師：（アクセントで適切な言い方に気づかせ、黒板に必要な語彙

　　　　　　　　　　を書く）
　　　　　　　　対，卖主很和善，叫顾客尽量早点儿吃，趁桃子新鲜的时候吃，
　　　　　　　　晚了桃子就不好吃了。
　　　　教师：他们两个人表演得怎么样？
　　　　学生：他们表演得很好。他们表演……本物らしい。
　　　　教师：（板書で正しい表現を提示する）
　　　　　　　　対，他们演得像真的一样。
⑧表現を考え直し、再度ペアでの練習を行う。
⑨全過程について教師がまとめる。
　　まず、学生の発表に出た「安く買う」ための表現をまとめ、正確な言い方を明確にさせる。
　(1)**価格に対する意見を示す。**
　　　贵了点儿。
　　　太贵了。
　　　这么贵啊。
　　　比别人的贵。
　(2)**安くしてほしいという意思を示す。**
　　　便宜一点行吗？
　　　能不能便宜一点儿。
　　　便宜一点儿吧。
　　　再便宜一点儿吧。
　(3)**安くしてもらうための工夫をする。**
　　　我多买一点儿，二十块钱三斤，怎么样？
　　　我去别的店买。
　　　市场价是六块钱一斤，我去别的店买。
　　　吃得好，我下次还来。
　　　好吃的话，我下次再来。
　　　好吃的话，我介绍朋友也来买。
　　次に、学生の発表に出た「高く売る」ための表現をまとめ、正確な言い方を明確にさせる。

(1) **価格の合理性を理解してもらうための工夫をする。**

　　这个桃子没有使用过农药。

　　今天的桃子很好吃。

　　这是高级品，只有这里才能买到。

　　这么熟，又大又甜的桃子，<u>你不会买别的店</u>。

　　　→这么熟，又大又甜的桃子，你在别的店买不到。

　　这些都是新鲜的。

　　这桃子又新鲜又甜，你尝尝。

　　这是特别的桃子，要是你吃了这个桃子，你会长寿。

(2) **売買を成立させるための工夫をする。**

　　算了，今天特别减价。

　　我不赚钱。

　　你要买三个桃子就加一串香蕉。

　　你要多买的话，就给你便宜一点儿。

　　行，你很可爱，就照你说的吧。

　最後に、通の客らしく「試食を要求し、味を理由に安くするよう求める」方策および言い方を説明し、学生の表現の誤りを訂正する。

(1) **試食を要求する。**

　　让我尝尝，好吗？

　　我可以尝尝吗？

　　<u>这桃儿是好吃的样子</u>，我可以尝一尝吗？

　　　→这桃儿看上去不错，我可以尝一尝吗？

(2) **試食後、味を理由に安くしてもらう。**

　　这个桃子不太甜，能不能再便宜一点儿。

　　<u>比我想得不好吃了</u>。我不买了。

　　　→没有我想像的好吃。我不买了。

　ロールプレイの実施には、実行前の準備・実行・実行後のまとめという3つのプロセスが必要である。特に実行前の準備が極めて重要である。準備をしないでロールプレイを行うと学習者の混乱を招くことがあり、ロールプレイの実効も上がらない。ここでは、準備不足による活動の失敗例を

紹介する。

ロールプレイ３："商定日程"（中級クラスでの失敗例）

目的
　相互の都合を尋ねたり交渉したりして、上手にスケジュールを決める。

材料
　ロール・シートAとロール・シートB（表5-5.1と表5-5.2）

表5-5.1

ロール・シートA

役割：北京のある大学に通っている日本人留学生小池さん。
状況：大切な相談があるので、今週中にクラスの友達の劉さんに会って話
　　　したいと思っている。
タスク：劉さんに電話をかけて、下記のあなたのスケジュールを参考に、
　　　会う日時と場所を決めてください。

7月	今天
4	汉语学习（小刘家）6：00～
5	看病人（北京病院）
6	
7	
8	取衣服（洗衣店）
9	听音乐会（首都大剧院）6：30～
10	聚会（全聚徳）7：00～

メモカード
_____
_____

表 5-5.2

ロール・シート B

役割：北京のある大学に通っている中国人大学生劉偉さん。

状況：同じクラスの日本人の友達、小池さんから相談したいという電話がかかって来た。

タスク：下記のあなたのスケジュールを参考に、小池さんと話し合って、会う日時と場所を決めてください。

7月	今天	7月	
4	接小林（首都机场） MU806 18:00 到达	5	
6	看电影（西单）	7	韩国电视剧（冬之恋） 19:00～准备录像
8		9	生日晚会（小华家） 18：30
10			

メモカード

_____

_____

発表例 1

　　B：喂。

　　A：喂，是小刘吗？

　　B：我是小刘，你是谁？

　　A：我是小池。

　　B：你好。

A：你好！　你六号干什么？
B：六号我去看电影。你也去吧。
A：好，我也去看电影。
B：好，再见。
A：再见。

【発表例2】
B：喂。
A：喂，小刘你好，我是小池。
B：小池，你好。
A：六号你有时间吗？
B：六号我没有时间。
A：七号你有时间吗？
B：七号晚上有事。
A：中午我们一起吃饭吧。
B：好。
A・B：再见。

　以上の2つの例の学習者のどちらも、「会って相談するために時間・場所を決める」という目的を正しく理解できず、「会うことを決める」と単純に誤解して、結局一緒に「映画を観る」や「ご飯を食べる」という約束をしてしまう結果となった。

5.4　社会的相互活動：その2　シナリオプレイ

　初級レベルの場合、ロールプレイでは学習者が使える語彙や文法が十分でないため、状況設定が難しい場合が多い。この場合、ロールプレイを単純化した社会的相互活動として、指示にしたがって会話を構成していくシナリオプレイ（scenario play）を行う。
　シナリオプレイの種類はいろいろある。例えば、会話の流れ、および聞き手あるいは話し手のセリフが決められて、もういっぽうのセリフを完成

させる（表5-6）というものと、会話の流れだけが決められて、その流れに沿って会話のシナリオ全体を作成する（表5-7）というものなどである。シナリオプレイをすることによって、会話の流れやコミュニケーションの方策に気づかせ、ロールプレイを行う準備にもなる。

シナリオプレイ１："叫外卖"（初級クラス）

表5-6

役割：A……同じ寮に宿泊しているあなたの友人。
　　　B……あなた。
状況：上海某大学の寮に宿泊しているあなた、出前を頼みたい。
タスク：以下のチラシの情報に基づいて、友人Aと会話をしてください。

A：我肚子饿了，有什么吃的吗？
B：没了，叫外卖吧。
A：这么晚了，还有外卖吗？
B：＿＿＿＿＿＿＿＿＿＿＿＿＿＿。（有／24小时都有）
A：买多买少都送吗？
B：＿＿＿＿＿＿＿＿＿＿＿＿＿＿。（20元起送／要买20块钱以上的东西）
A：我吃两个饭团，一咸一甜，你呢？
B：＿＿＿＿＿＿＿＿＿＿＿＿＿＿。
　（我吃****。／可以自由选择。但一定要超过20块。）
A：好，超过20了，我来打电话，号码是多少？
B：＿＿＿＿＿＿＿＿＿＿＿＿＿＿。（13456688）

24小时免费外送服务	饭类		点心类	
外送电话	炒饭	10.00	小笼包	8.00
021-13456688	咸饭团	5.00	大馄饨	6.00
	甜饭团	5.00	油条	3.00
	面类		饮料类	
	担担面	8.00	冰豆浆	3.50
外卖20元起	炒米粉	8.00	热豆浆	3.50

シナリオプレイ２：“你怎么过节？”（中級クラス）

表5-7

役割：A……あなた。
　　　B……あなたの友達。
状況：休憩のときに、２人で今度の休暇の過ごし方について話をしている。
タスク：以下の流れに沿って、隣席の人と一緒に対話のシナリオを作成し
　　　　なさい。

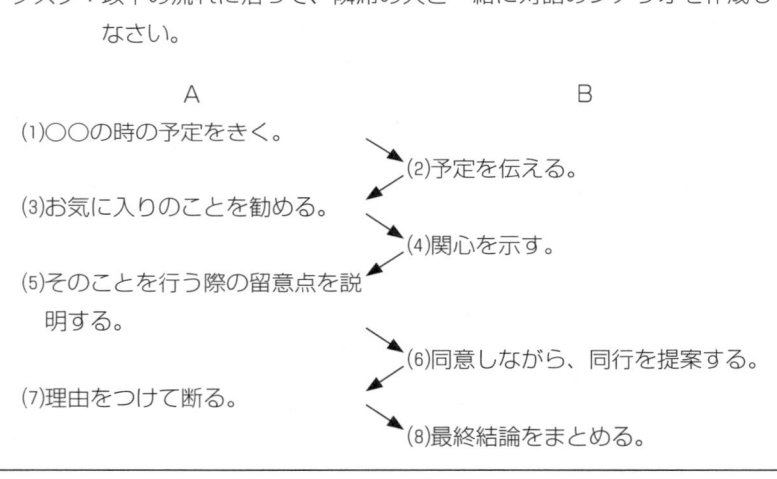

```
           A                              B
(1)○○の時の予定をきく。
                             ↘
                               (2)予定を伝える。
                             ↙
(3)お気に入りのことを勧める。
                             ↘
                               (4)関心を示す。
                             ↙
(5)そのことを行う際の留意点を説
   明する。
                             ↘
                               (6)同意しながら、同行を提案する。
                             ↙
(7)理由をつけて断る。
                             ↘
                               (8)最終結論をまとめる。
```

発表例１

Ａ：优子，你春假想干什么？
Ｂ：我正在想去上海呢。
Ａ：上海点心摊的点心，不但好吃而且便宜，你去吃吃吧。
Ｂ：这是个好主意。
Ａ：不过，你别吃过多，要不然，你会胖。
Ｂ：谢谢你提醒我。要不，咱们一起去吧。
Ａ：不行，我已经决定去韩国了。
Ｂ：那么，回来的时候，咱们一起交换特产吧。

🔖 発表例2

　　A：你明天晚上有空儿吗？
　　B：我明天晚上打工，打完工就没事儿了。
　　A：我知道有一家有名的中国饭店。咱们一起去吧！
　　B：这是个好主意。
　　A：因为那个饭店很热门，所以要提前订。
　　B：好，今天订吧。
　　A：你明天几点下班？
　　B：十一点。
　　A：哎呀！　那个饭店十一点关门。
　　B：对不起。什么时候有时间咱们去吧。

5.5　社会的相互活動：その3　シミュレーション

　最近、「コンピュータを使ってシミュレーションする」ということがよく聞かれるようになった。例えば、飛行機の操縦の訓練のためには「フライト・シミュレーター」が使われる。コンピュータのおかげで、シミュレーターの中に座ると、あたかも現実に飛行機を動かしているような体験ができる。言語教育で学習活動として行うシミュレーションは、コンピュータの画面やシミュレーターでなく、教室の中で学習者1人1人が現実のコミュニケーションに立ち向かうのと同じような経験をしてみることである（バルダン田中ほか、1989）。

　つまり、シミュレーション（simulation）とは、現実の社会で起きている問題を取り上げて、それを言語学習に取り入れて現実的な言語使用を練習する方法である。例えば、世論を二分しているような社会問題について、学習者を2つのグループに分けて、次のような模擬討論をさせる。

　　テーマ："东京该不该申办奥运会"
　　グループA：是とする
　　グループB：否とする

　シミュレーションを行うために、3つのプロセスが必要である（高見澤、

2004)。①情報収集：それぞれの主張の正当性を裏づけるための資料を準備する。例えば、人から話を聞いたり、文献を読んだりして、調査を行う。②文案作成：主張すべき内容の文章をまとめる。例えば、調査から得た情報を整理して、発表意見をまとめる。③意見討論：それぞれのグループの代表が意見を述べたうえで、討論を行う。この活動では、意見発表そのものも学習になるが、それを行う前にそれぞれの主張を裏づけるような資料調査をしたり、あるいはほかの人たちの意見を聞いたりすることも学習になる。

「シミュレーション」活動は、学習者にとって自主的に学ぶ機会の多い自律的学習なので、「できる」能力の育成に役立つ。しかし、準備段階から討論の段階までに相当の時間がかかるし、調査から意見発表の原案づくりまで学習者が独力で行うには、かなりの学力が必要である。そのため、この練習を実施できるのは、中級レベル以上で時間的余裕のある学習者に限られる。ここでは、中級レベル以下の場合に勧められる簡略化したシミュレーションを紹介したい。

1つは、事前準備プロセスを省略したシミュレーションである。例えば、以下のシミュレーションが示すように、まず"你喜欢什么运动？ 为什么？"のタスクを行うと、"棒球运动"について「是」と「否」の意見が自然に分かれ、またそれぞれの論拠も出てくる。かくして、学習者に引きつづき"棒球运动好不好？"を討論させるための事前準備が省略される（以下は Ke & Peterka、2002、Task-based Instruction 授業録より整理）。

シミュレーション1："棒球运动好不好？"（授業記録）

タスクの導入

教師：现在，我们做一个活动，看你们讲义上的第二，叫做"interview"，每个人自己选择一个运动，然后问你的同学，问他们喜欢不喜欢这项运动，为什么喜欢为什么不喜欢。好不好？

タスクの発表

教師：现在来说说你们的结果，你喜欢不喜欢这项运动，为什么？ 你的同学喜欢不喜欢？ 为什么？

教員が黒板に以下のようなまとめの表を描き、学生の発表結果を記録する。

項目＼同学	罗	柯	昆	马	裴	欧
网　球		×		○		
棒　球						
篮　球						
滑　冰						
游　泳						
跑　步						

教师：请问，谁负责采访"网球"？ 好，好，昆雨琦，你告诉我们，同学们谁喜欢网球，谁不喜欢网球，为什么？
昆　：马修喜欢打网球，因为她觉得很有意思。柯小成不喜欢打网球，因为她觉得没有意思。……
教师：那，谁负责"棒球"？ 哦，欧天明，你的结果怎么样？
欧　：罗培林喜欢打棒球，因为……
教师：罗培林你可以提醒他。
罗　：好的运动。
欧　：他想棒球是好的运动。
教师：嗯，这个回答真好！
欧　：柯小成喜欢棒球，为什么？ 他爸爸……打棒球？
柯　：爸爸是教练。
欧　：对，因为她爸爸是教练。
教师：原来是这样啊，爸爸是教练。
……
裴　：罗培林不喜欢打篮球，柯小成也不喜欢打篮球，昆雨琦也不喜欢打篮球，……但是我很喜欢打篮球。
……

罗　　：除了马修以外，都大家喜欢滑冰。
教师：除了马修以外，大家都喜欢滑冰。对吗？ 大家都喜欢。
　　　（アクセントおよび繰り返しで間違いに気づかせる）
……
教师：那，最后一个呢？"跑步"。
柯　　：除了我和欧天明以外，他们都不喜欢跑步。马修感到跑步很难受，昆雨琦同意她的话。裴佳娜不喜欢跑步，她喜欢打篮球。罗培林她不喜欢，可是，我忘了。
教师：罗培林，你为什么不喜欢跑步？
罗　　：跑步太难。
教师：可以说不舒服，跑步不舒服。（新出単語を強調する）
……

◖シミュレーションの導入◗

教师：现在我们大家讨论一下，你们为什么喜欢棒球，为什么不喜欢棒球，你们可以商量商量，棒球好，为什么好，棒球不好，为什么不好，好不好？

◖シミュレーション開始◗

教師が学生の発言を以下のように黒板に記録する。

棒球

Pro	Con
夏天可以打棒球	不聪明的人打棒球
……	……

S1　：夏天可以打棒球，所以我很喜欢打。
教师：别人同意吗？
Sn　：同意。
S2　：不同意，棒球是很不聪明的运动。
S3　：我们可以一边看棒球，一边喝酒。

S4：但是，棒球比赛太长了。
S5：而且，打棒球太危险。
S6：打棒球的人不有非常好的身体，肚子很大。
教师：哦，打棒球的人身体不好。
　　　（打棒球的人没有好的身材，打棒球的人身材不好——笔者注）
……

まとめ
教师：棒球好，因为棒球……，棒球不好，因为……。○○，○○，你们俩以后可以一起打棒球。还可以一起说中国话。好，今天的课就到这儿，再见。

　もう1つは、以下の"评选最佳贺年卡"の例が示すように、準備プロセスは省略せず、"最佳"を推薦することによって「是」の議論のみをするシミュレーションである（以下は著者の授業記録による整理）。

シミュレーション2："评选最佳贺年卡"（上級クラス）
事前準備
　事前に中国語の"贺年卡"の制作（絵と文面）および、①"这张贺年卡送给谁？"、②"为什么要送给这个人？"、③"你给这个人写了什么？"、④"你的这张贺年卡有什么特色？"の質問に沿って、議論の準備をしておくように学生に指示する。

シミュレーション導入
教师：贺年卡都做好了吗？　好，现在请大家先来说一说"你的这张贺年卡送给谁？"，"为什么要送给他（她）？"
S2：我送给我的中国朋友。她是我研究班的朋友，我被她帮助了，为了表示感谢我送给她。
教师：很有道理。她要把贺卡送给研究班的中国朋友，因为得到了她的很大帮助。因为"帮助"是好事情，所以我们不说"被帮助"，可以说"得到帮助"（板书），对啊，因为得到了她的很大帮助，所以要向她表示感谢。别的同学呢？

S3 ：我要把这张贺年卡送给胡老师。

教师：哦，送给我的？ 谢谢！ 为什么要送给我？

S3 ：因为今年承蒙她的关照。我感谢您。

教师：哦，承蒙关照。承蒙老师的关照。是吗？ 我太高兴了。还有吗？

S6 ：我想送给我的朋友，今年他们结婚了，可是我不能去他们的结婚式。

教师：哦，是这样，你不能参加他们的结婚典礼。…… 你已经准备好了，你来说说看。

S5 ：我给我爸爸妈妈送。因为现在我在京都，我爸爸和我妈妈在静冈，很远，所以我给他们送贺卡。

……

教师：接下来，请大家说一说你的贺卡上写了什么？ 你给这个人写了什么话？ 让我们看看你写的话对不对、合适不合适。…… 你给爸爸妈妈写了什么？

S5 ：最近身体好吗？ 祝你们在新年过得愉快。今年大家一起去旅行。

教师：因为是爸爸妈妈，所以担心他们的身体，要问问他们"身体好吗？"，而且，每年他们一家要出去旅游，所以希望今年也能一起去旅游。很贴切。…… 好，你说说看。

S6 ：祝你们新婚快乐！ 对不起，我不能参加结婚典礼。我想你们永远幸福！

教师：对，她是写给新婚的朋友的，所以要祝他们新婚快乐、祝你们永远幸福。

……

（シミュレーション開始）

教师：现在大家来说一下，我的贺年卡的特色是什么？

S1 ：我的特色，有很多色彩。

S2 ：这个画是我自己画的。

S3 ：我的贺卡颜色和式样都是中国式的。

S4 ：我的贺卡的特色是全部是我自己画的，这个老鼠是我看图鉴画的。

S6 ：我的这张卡颜色很好看，而且，这张卡好像充满了爱。

……

学生の自己アピール後、その年賀状を黒板に置き、番号をつける。以下の推薦議論の中で選ばれた回数を記録する。

教師：大家来评一评哪一张你觉得最好，为什么？ 可以选别人的，也可以选自己的。

S1 ：我喜欢3号，因为老鼠很可爱。

S7 ：我最喜欢2号，文章写得很有意思。

S8 ：我喜欢2号，颜色很漂亮，画得很可爱。

S9 ：我也喜欢2号，她是送给中国朋友的，<u>她写倒的〝福〞字</u>。

S2 ：我喜欢6号，我感到了爱。

……

教師：看一下结果，2号得票最多，祝贺2号得了第一名！ ……

付録 学習者自作の「年賀状」の一部（S1～S6）
（はがきは作品として尊重し、語句の訂正は別紙に書いて本人にわたす）

S1（1号）

S2（2号）

第5章 「できる」中国語を目指すための教室活動　121

S3（3号）

胡老师，新年快乐！

去年承蒙您的关照，我衷心感谢您。

衷心地祝愿您在新的一年里万事如意，身体健康！

S4（4号）

新年快樂

祝李位在新的一年身体健康，天天有个好情

二〇〇八年

S5（5号）

新年好

最近身体好吗？
祝你们在龙年过得愉快！
今年大家一起去旅行。

2008

S6（6号）

2008 新年好

祝你们新婚快乐 ♡
对不起，我不能参加结婚典礼。
我想你们永远幸福 ♡

【第5章参考文献】

1. Littlewood, W. T. 1988 *Communicative language teaching：An introduction.* Cambridge University Press.（邦訳『コミュニケーション重視の言語教育　理論と実践』、池浦貞彦監修、吉永光明・大津敦史・石井和仁共訳、1991、開隆堂）
2. 小山内洸　2002　『英語科授業論の基礎――コミュニケーション重視の言語教育理論研究』　レーベル出版
3. 相原茂・田禾・周国強　2008　『タスク式えんぴつで覚える中国語』　朝日出版社
4. Wills, J. 1996 *A framework fo task-based learning.* London：Longman.（邦訳『タスクが開く新しい英語教育：英語教師のための実践ハンドブック』、青木昭六監訳、豊住誠・松村昌紀・村瑞五郎訳、2003、開隆堂）
5. 高島英幸　2000　『実践的コミュニケーション能力のための英語のタスク活動と文法指導』　大修館書店
6. 白畑知彦・富田祐一・村野井仁・若林茂則　1999　『英語教育用語辞典』　大修館書店
7. バルダン田中幸子・猪崎保子・工藤節子　1989　『コミュニケーション重視の学習活動2　ロールプレイとシミュレーション』　凡人社
8. 高見澤孟　2004　『新はじめての日本語教育2　日本語教授法入門』　アスク
9. Ke, Chuanren & Peterka, A. 2002 *A guide to tasked-based language instruction：Chinese Speaking class*(Video). The Ohio state University Foreign Language Publications.

第6章

「できる」力につながる「わかる」授業の工夫
──文法の指導

教育心理学において、知識を伝授するための授業活動の流れは、図6-1に示したように、①目標設定、②学習項目の提示、③定着練習、④転移活動、という4つのステップにまとめられる。このような視点から外国語教育の授業過程をみてみると、伝統的な外国語教育は少なくとも2つの問題をもっていると言える。1つは、「定着練習」までのステップは教師が教室で指導するが、「転移活動」はほとんど行わず、学生各自の教室外の言語経験に任せるというやり方である。もう1つは、「定着練習」ステップにおいて、音声と文法の習得が焦点になり、「模倣暗記練習」「置き換えによるパターン練習」「変形練習」「穴うめ問題」など教師の主導で行われる「機械的な練習」(mechanical drill) や、意味理解の「応答練習」など「意味を伴う練習」(meaningful drill) しか行われていないことである。このような問題をもった外国語教育が、「できる」力の育成につながるであろうか。

①目標設定：　　　　学習者に学習の目標を理解させ、学習意欲を高める。
　↓
②学習項目の提示：目標を達成するのに必要な学習項目を提示する。
　↓
③定着練習：　　　　提示された学習項目の言語操作の練習を行う。
　↓
④転移活動：　　　　定着練習した内容を含むすべての知識を活用した練習を行う。

図6-1　授業の過程

　前章では、「できる」力の育成に効果的だと思われているいくつかの教室活動を紹介した。これらの活動は当然「転移活動」ステップで行うことができる。しかし、「できる」力を育てるには、「わかる」力の育成を焦点とする「学習項目の提示」ステップ、「定着練習」ステップにおいても、「できる」力の育成につながる授業の工夫が必要であろう。この章では、そのための授業の工夫例を紹介したい。

6.1 「わかる」教育とともに行う「できる」教育の可能性

　オーラル・アプローチへの批判につれ、教室での言語構造・形式などの文法学習、すなわち「わかる」外国語教育の意義およびその指導方法も議論されるようになった。教室での学習効果を否定し、教室の文法学習は本当の習得にはつながらない、むしろ、自然に言語を使う機会を作って、コミュニケーションをしていれば完全な文法能力が習得できるという主張さえ現れた（例えば、Krashen、1982）。しかし、この主張は後に大きな論争になり、文法学習をせず、コミュニケーションをとる機会の多い授業を受けても、「わかる」力（言語を正確に使う能力）や「できる」力（言語を適切に使う能力）が決して高いレベルにはならないことが大量の実験データから明らかにされた（Ellis、1997）。この事実は、外国語教育において、「わかる」力の育成は決して軽視することができない、ということを意味している。

　1980年代後半から、コミュニケーション能力（「できる」力）の育成と文法学習（「わかる」教育）の関係に関する研究が盛んになって、教室において、コミュニケーションの育成を目標としつつ文法指導を行う必要性が唱えられ、意味の伝達を中心とする言語活動の中で必要に応じて学習者の注意を言語形式に向けさせるというフォーカス・オン・フォーム（Focus on Form、FonFと略称）［注1］という文法指導法が提案され、それに基づいて、言語の正確性と適切性の向上をねらう具体的テクニックが模索され始めた（例えば、Doughty & Williams、1998；高島ほか、1999；Ellis、1997に引用；高島、2000に引用）。

　フォーカス・オン・フォームは、コンテクストから切り離された文法項目を1つずつ覚えていくような文法偏重のFocus on Forms（Focus on Formとは異なる。注1参照）という文法指導法や、意味のやりとりだけを重視して文法に注意をはらわないFocus on Meaningという文法指導法などと大きく異なり、「意味中心の言語理解・産出活動において、特定の言語形式（語彙・文法）の習得を促す」（村野井、2005）ことを原理とした文法指導法である。意味中心の言語活動には、内容のある事柄について聞い

たり、読んだり、話したり、書いたりする内容中心の活動や、タスク活動などコミュニケーション重視の活動が含まれている。学習者の注意が意味から言語の形式へシフトされるのは、学習者が言語理解または言語産出をしようとして、何らかの形でつまずいたときであると言われている（Long & Robinson, 1998）。うまく理解できない、表現できないという言語運用の面での「つまずき」によって、学習者の注意が、意味から形式に移されるのである。例えば、自己紹介文を書くという意味中心の言語活動を行う際、「僕は中国に行ったことがあります」という「意味」を、「自慢する」という「機能」のために中国語で書いてみようとしたとする。ところがそこで「～したことがある」という形式がうまく出てこなければ、それは1種の「つまずき」になる。このつまずきに教師が気づいてフィードバックを与えたり、学習者自身が助けを求めたり（尋ねる、文法書やテキストを見る、など）すれば、それが一種のフォーカス・オン・フォームとなるのである（村野井、2006）。

　フォーカス・オン・フォームでは、意味が重視され、コンテクストが明確な言語活動の中で、学習者が言語形式の意味や機能を探し求める。つまり、学習者が構造・意味・機能の3つを同時に処理しようとしている（Doughty, 2001）。したがって、フォーカス・オン・フォームは、「わかる」教育と合わせて「できる」教育を行う可能性を示唆している。

　しかし、フォーカス・オン・フォームによる授業の実施は、「機能重視型」のシラバスやテキストの使用を条件としているし、その流れが伝統的なものと大きく異なるため（図6-2）、現段階の中国語教育実践への応用は難しいと考えられる。そこで、伝統的な「構造重視型」シラバスに基づいたテキストを使った「わかる」授業でも、「できる」力を育成するためのコミュニカティブな活動ができる、という授業の工夫が必要となる。

```
伝統的な授業              フォーカス・オン・フォームによる授業
目標設定                  コミュニケーション活動
  ↓                         ↓    つまずき
言語構造の学習            ┌─────────────┐
  ↓                       │意味表示の練習     │
言語構造の練習            │     ＋         │
  ↓                       │言語構造の練習     │
コミュニケーション活動    │     ＋         │
                          │コミュニケーション活動│
                          └─────────────┘
                                ↓
                              目標確認
```

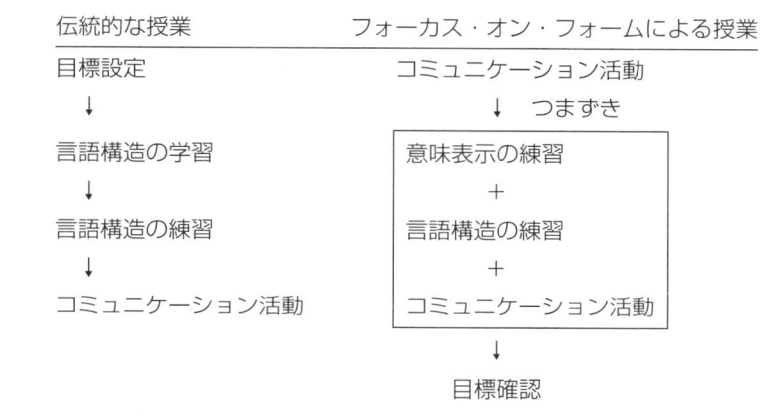

図6-2　外国語授業の流れの比較

6.2　文法指導における「場面つき学習」の提案

6.2.1　「場面つき学習」の理論根拠

まずJohnson（1981）がコミュニカティブ・アプローチを紹介する本の冒頭に引用した次の例をみてみたい。「他人に火を貸して欲しいと頼む」ときに、英語学習者が、"Have you fire?" "Do you have illumination?" "Are you a match owner?" などのような言い方をするが、これらの文は文法的に正しいが、場面に応じた適切な表現とは言えない。「このように、文構成能力を持ちながら、伝達能力が不足する学習者がいるという現象は、我々の多くの者にとっては周知のことである」。

このような現象は中国語教育の現場でもよくあるだろう。例えば、わたし自身が来日初期に経験したことであるが、中国との電話に換わって出てもらったある日本人の中国語教員が、受話器を取った後すぐ"换了一下"と言った。それが同じ場面のときに使う日本語の「換わりました」の意であることがわかったのは、ずっと後になってからのことであった。"换了一下"は「換わりました」の正しい「訳文」ではあるかもしれないが、そうした「場面」で中国語話者はまずそういう表現はしないであろう。

こうした例から見出せるのは、「言語を構造的に正確に操作する能力は

言語習得に含まれているものの一部でしかない……この能力以外の何かが習得されなければならないのであり、この「何か」の中には適切さ、つまり場面に応じて適切な表現が使えるようになる能力が含まれている」(Johnson & Morrow、1981)ということである。つまり、前述したように、「わかる」力の育成においては、文法項目の形式が正しいこと、いわゆる「文法的正確性」が求められるが、「できる」力の育成においては、文法的正確性だけではなく、その文が使われる場面("語用情境")におけるふさわしさ、いわゆる「場面的適切性」が求められる。

　では、このような言語の「文法的正確性」と「場面的適切性」の目標を、教室の授業の中でどうやって達成させるか？　ここで、第二言語習得の理論を参考に考えたい。

　第二言語習得理論では、言語習得を、学習者のインプット (input) からアウトプット (output) に至る情報処理のプロセスとして捉える (図6-3)。具体的に言えば、学習者は、まず耳 (あるいは目) にするすべての音 (あるいは文字) の流れ (input) から特定の語や文法規則に気づき (noticing)、次に気づかれたものを短期記憶に一時的に取り入れ (intake)、さらに、実際に聞いたり話したりする (input / output) 中で、学習者独自の文法体系 (interlanguage) を作り出しながら、その自前の文法体系が目標言語に近づくように再構成 (restructuring) していくのである (白畑ほか、1999；高島、2000；小柳、2006)。

```
                    second language
                          ↑
            noticing      |
input  →    ↓    →   interlanguage   →   output
            intake        ↑
  ↑                       |                ↑
  └──────────→  restructuring  ←──────────┘
```

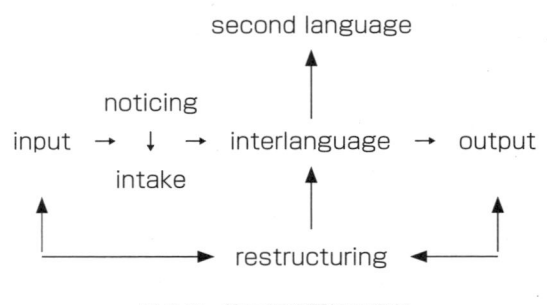

図6-3　第二言語習得の過程

高島 (2000)、小柳 (2006) を参考に作成

したがって、学習者が「文法的正確性」と「場面的適切性」の双方を身につけるためには、教室という教育実践の場において、教師がどのようにinputを与えるか、そして、どのように学生のoutputに働きかけるかが重要となる。一般的に、インプットは量が多く与えられることが一つの条件であるが、それだけでは十分ではない。学習者にとってそのインプットが理解可能である（comprehensible input）ことが、必須の条件となる（Krashenのインプット仮説"Input Hypothesis"——Krashen、1985）。しかし、理解可能なインプットが豊富に与えられるだけでも、第二言語の習得には不十分である。言語を習得するためには、聞いたり読んだりするほか、話したり書いたりすることも必要である（Swainのアウトプット仮説"Output Hypothesis"——白畑、1999）。なぜなら、目標言語でアウトプットすることによって、自分の言語表現の誤りに気づいたり、教師や話し相手（学生同士）から適切なフィードバックを受けたりしながら、さらにより正確なインプットを取り入れたり自分のアウトプットを修正したりすることができるからである。

　つまり、「学生の文法力を育成しながら、コミュニケーション能力もアップさせる」という目標を、第二言語習得理論の視点から言い換えるならば、いかに学生に、文法的に正確かつ場面的に適切なアウトプットをさせるか、ということになるであろう。その目標の達成のため、具体的には、以下の2点の工夫が考えられる。

　1つは、学習者に理解可能なインプットを提示することである。ここで理解可能というのは、句の内部の意味が語義的・文法的に理解できるというだけでなく、その句がいかなる場面でいかなる意図を表現するものであるかが学習者にも理解できる、ということである。現行のインプットでは、文法規則を教える際に、取り上げた例文の形式に焦点をおいて説明するが、その例文が使われている「場面」にはあまり触れない。そのため、例文を形式的に理解したとしても、意味的に（あるいは機能的に）理解したとは言い切れない。また、コミュニケーションの場面を捨象した例文では、そもそも場面的に適切かどうかを判断する手がかり自体が欠如し、学習者は「場面的適切性」を学習しようもないだろう。したがって、もし、「場

面つき」の例文をインプットすれば、文法的に正確かつ場面的に適切な言語表現を学習・理解することができ、自ら正確かつ適切なアウトプットをすることが可能になるだろう。

　もう１つは、学習者に積極的にアウトプットする機会を与えることである。現行のアウトプットでは、学生に文型の模倣練習（例えば、置き換え練習、穴うめ練習など）や翻訳練習（例えば、中国語から日本語へ訳す、あるいは日本語から中国語へ訳す）をさせることが多い。その場合、学習者に与えられているのは、「場面」から切り離された単独の「文」のみであるため、練習問題を解くことは文法知識だけを生かせればいいという作業になる（その結果、並べ替え練習によって"陈老师教我们汉语"という二重目的語の文型を正しく理解した学生も、実際の会話の中で「ぼくらは陳先生に中国語を習った」と言おうとして絶句してしまうことになる）。したがって、もし、「場面つき」の練習問題をアウトプットさせれば、学生の言語使用の意識が高められ、文法だけではなく、場面をも含む言語表現の練習機会が増え、正確かつ適切なアウトプットをすることが可能になるだろう。

　ここでは、上述のような場面つきインプットおよび場面つきアウトプットを取り入れた授業を「場面つき学習」と呼び、学習者の「わかる」力だけでなく、「できる」力の向上にも効果的と思われる「場面つき学習」を提案してみたい。

6.22　「場面つき学習」を用いた実践授業

　某大学中級中国語クラスの学生を対象に、週に１コマの「場面つき学習」を取り入れた実験授業を全14週行った。実験授業では、『北京の明子』（荒川清秀・羅京莉、白帝社、1999）を教科書とし、表6-1に示したように２週に１課の進度で授業を進める。課ごとに、①スキットの紹介、②表現ポイントの説明、③スキットの朗読、④宿題の発表、という４プロセスを含める。

第 6 章 「できる」力につながる「わかる」授業の工夫――文法の指導　133

表6-1　実験授業の学習内容および進度一覧

週	スキット内容	主な表現ポイント
第０週		ウォーミング・アップ
[実験授業開始] 第1～2週	第1課 欢迎你来北京	様態補語／兼語文／助動詞"得"／介詞"离"／動作の順を表す"再"／"跟……（不）一样"
第3～4週	第2課 我要"发"	結果補語／許可・勧誘を表す助動詞"可以"／"有"の連動文／"忘了……"
第5～6週	第3課 你要是每次都迟到就好了	受身文／反語文"不是……吗？"／"不知道……好"／"以为……"／"要是……就好了"
第7週		中間復習
第8～9週	第4課 下次我还来	方向補語／"又……又"／"……了一点儿"／"非……不可"
第10～11週	第5課 你肯定走错了	構造助詞"的"／動詞"怪"／副詞"原来"／"知道……吗？"
第12～13週	第6課 瞧把你急得	可能補語／助動詞"该"／"恨不得……"／"……来着"／"我看还是……好"
第14週		期末テスト

　具体的には、1回目では、スキットに設定された場面の流れに沿って、登場人物および状況を説明しながら、語彙・文構成を紹介する。それと同時に、学習内容となっている重要な表現ポイントについて、通常のように、完成された例文を示してそれを分析しながら文法的説明を加えるのではなく、まず、「～の場面で～ということを言いたいとします」と場面と発話意図を設定し、これまで習った項目に新出項目を加えながら文を完成してゆくという順序で説明する。つまり、すべての例文にその「文」が使われる「場面」をつけ、学生に「場面」を思い浮かばせてから、「文」を導入し、1項目に基本的に3つの「場面つき例文」を提示するのである。例えば、第4課の学習内容である"又……又……"を説明するときに、例1「田舎の無人販売所」+"那儿的菜又新鲜又便宜"；例2「昨夜遅くまで友人とチャットした」+"我今天又累又困"；例3「クラスの○○さん」+"她的字写得又快又漂亮"、と提示する、という具合である。

2回目では、まず、語彙と文構造を復習しながら、スキットを朗読させ、その後、「場面」を手がかりとして提示しながら、全文を暗記させる。次に、前回の授業に出した作文の宿題を発表させ、必要に応じてフィードバックする。その作文は、通常の形式と異なって、教師が「場面」とその場面に合う「日本語文」を設定し、学生がそれを「中国語文」に直すという形式である。例えば、第3課の学習内容である"不知道……好"を練習させるために出した宿題は、「バスを降りる前、お金をもっていないことに気づいたとき」+「わたしはどうしていいかわかりません」という「場面つき作文」であった。そこで学生が"我不知道做什么好"という解答を発表したので、"我不知道怎么办好"とフィードバックをした。

学習効果を考察するために、①各学習段階でのテストと、②学習後のアンケート調査を行った。

【テスト】

学習初期の1回目（実験授業の2週目）、学習中期の2回目（実験授業の7週目）、学習後の3回目（実験授業の14週目）の計3回テストを行った。テスト内容として、学生自身が「場面」を設定し（設定した場面は日本語で表現する）、与えられた「文型」を用いて、その場面に合った「中国語文」を書くという課題（3問）を課した。課題の解答文を、①正確性（文法形式上正しいかどうか）、②適切性（設定した場面に合っているかどうか）、③独創性（例文の模倣におわらず、新たな内容を表現し得ているかどうか）、という3指標から表6-2に示したような点数で評価した。公平性を保つために、すべての解答文を2人の教員がそれぞれ別個に一通り採点し、後から両者の点数を統合した。

表6-3は、3回のテストにおける被験者の各指標の平均得点と標準偏差を示したものである。一元配置の分散分析 [注2] によって検定したところ、①文法的正確性における3回のテスト間の差が有意であった（分散比 $F = 9.882$、有意確率 $p < .05$）。さらに、Bonferroni法による多重比較 [注3] の結果、学習初期（1回目）の得点は学習中期（2回目）より有意に高く（$p < .05$）、学習後期（3回目）の得点は学習中期より有意に高かった（$p < .05$）。同様な統計分析方法の結果、②場面的適切性における3回のテスト間の差が有

意であった（F＝15.194、p＜.05）。学習初期（1回目）の得点は学習中期（2回目）より有意に高く（p＜.05）、学習後期（3回目）の得点は学習中期より有意に高かった（p＜.05）。③独創性における3回のテスト間の差も有意であった（F＝5.470、p＜.05）。学習後期（3回目）の得点は学習初期（1回目）より有意に高かった（p＜.05）。

表6-2　課題の評価基準

評価指標	配点	採点基準	例（1回目のテストの解答文より） 文型："和／跟……（不）一樣"
正確性	3	文法的に正しいもの	現在的日本和六十年前不一樣。
	2	少々誤りのあるもの	現在的日本生活方式和前不一樣。
	1	誤りの多いもの	現在的我地址跟不一樣。
適切性	3	場面に合うもの	［場面：高校の友人からの手紙が届かなかったとき］ 現在的地址和一年前不一樣了。
	2	少々合わないもの	［場面：引越しのため新しい住所を友人に教えるとき］ 我住的地方和一年前又不一樣。
	1	合わないもの	［場面：始めて北京へ旅行に行ったとき］ 現在的北京和兩年前不一樣。
独創性	3	オリジナルなもの	現在的電腦跟十年前不一樣。
	2	例文と似ているもの	京都的氣候和東京不一樣。
	1	例文と同じもの	北京的氣候和東京不一樣。

表6-3　3回のテストにおける各指標の得点（N＝16）

テスト ＼ 指標	正確性 Mean	正確性 S.D	適切性 Mean	適切性 S.D	独創性 Mean	独創性 S.D
1回目（学習初期）	2.8	0.4	2.5	0.7	2.3	0.7
2回目（学習中期）	1.9	0.9	1.4	0.8	2.8	0.8
3回目（学習後期）	2.4	0.8	2.2	0.7	2.9	0.4

Mean＝平均得点　S.D＝標準偏差　N＝被験数

上記の結果から、課題の解答において、一見「学習初期」が「学習中期」より優れるように見えるが、その本質を分析してみると、学習初期の「独創性」が2.3と「例文と似ているもの」の配点の2.0に近い。つまり、この段階の学習者のほとんどは、学習の過程で提示された「場面＋例文」に類似したものを提出した。そのため、解答文の「正確性」「適切性」が高くても、目標となる文法知識の運用能力およびコミュニケーション能力が身についたとは言えない。こうした現象が生じた原因は、「場面つき学習」の実施開始後2週間しかたっていない学習者は、「場面つき課題」の解決にまだ困難を感じているからだと解釈できるだろう。

　それに対して、「場面つき学習」の実施7週目にあたる「学習中期」の学習者は、言語の使用意識が高まり、課題に積極的に取り組む意欲を見せ始めた（「独創性」の得点はほぼ満点の2.8であった）。しかし、彼らが一所懸命に考えた文は、文法的には正しくても、必ずしも場面に合うとは限らない（「正確性」の得点1.9に比べ、「適切性」の得点が1.4と低い）。例えば、「教科書を忘れたため、隣の人に見せてもらおうと頼むとき」に、"我忘了课本，请你看看我"という具合である。

　これが「場面つき学習」の実施14週目にあたる「学習後期」の学習者になると、「独創性」がいっそう高くなった（2.9）。例えば、文型"不知道……好"を用いた作文の課題に、学習者全員が、授業に提示された、①「スーパーで値上げになった野菜を見て迷うときの"我不知道买什么好"、②悩みがあるときの"我不知道找谁说好"、③母の日のプレゼントに迷ったときの"我不知道送什么好"」という所与の「場面」とは違った、新たな「困った」場面を設定した。例えば、「宿題がありすぎて、どれからすればよいかわからないとき」「難しい文章の訳を頼まれたとき」「道に迷ったとき」「風邪を引いてしまったが、引越して来たばかりでどの病院へ行けばいいかわからないとき」「頼んだ北京ダックの食べ方がわからないとき」「好きな人に対して自分の気持ちをうまく伝えられないと友人に相談するとき」「自分の考えの及ばない話を友人に相談されて、答えに困るとき」「学校の購買部の弁当を食べ飽きたので、選ぶのに悩むとき」「授業の参考書として取り上げられる本が多かったので、どれを先に読んだら

いいか迷うとき」「頑張ったのに、テストの点数が悪かったので、学習方法に悩むとき」、などがあった。独創性だけではなく、「正確性」「適切性」の得点も「学習中期」より上がった（正確性：1.9 → 2.4、適切性：1.4 → 2.2）。「学習中期」より有意な高得点は、「場面つき学習」がもたらした効果だと考えられる。

【アンケート】

第6課の学習後、学習者にアンケート用紙を配って、「場面つき」作文の宿題の後に回答するよう指示した。アンケートには、通常形式の作文問題に比べた、「場面つき」作文問題の、(1)面白さ、(2)解くときの意欲、(3)難易度、(4)出来ばえの自己評価、などの項目が含まれる。

(1)**面白さ**　表6-4は通常形式の作文問題に比べた、「場面つき」形式の作文問題の面白さに対する各評定を集計したものである。表6-4からわかるように、通常形式の作文問題より、コミュニケーション「場面つき」形式のほうが面白いと感じた学習者は85％に上った。その具体的な理由として、最も多く挙げられたのは、①実際のコミュニケーションに役立つから面白い、ということであった。例えば、「現実性があり、役に立つ。その場面に直面したらその行動を取りやすくなる」「いろいろな回答が考えられ、実際に役に立ちそうな練習であった。友達と中国語で会話とかしてみたくなった」など。その次に挙げられたのは、②答えの多様性から思考の機会を与えられるから面白い、ということであった。例えば、「答えが1つとは決まっていないので、自分なりの知識で書くことができたから」「自分でさまざまに考えられるので面白い」など。また、③問題に含まれた場面がイメージできるから面白いという理由を挙げた学習者もいた。例えば、「自分の頭で考えるし、状況も想像できて楽しかった」「生協で、というところが自分で想像しやすかった」など。

表6-4　「場面つき」作文問題の面白さに対するアンケート結果（％）

通常より つまらない	通常より ややつまらない	通常とほぼ同じ	通常より やや面白い	通常より面白い
0.0	0.0	14.6	56.2	29.2

(2)**意欲**　表 6-5 は通常形式の作文問題に比べた、「場面つき」作文問題を解くときの意欲に対する各評定を集計したものである。表 6-5 からわかるように、「場面つき」作文問題は通常形式の作文問題よりも解く意欲が湧いたと答えた学習者は 75%であった。その具体的な理由として、次のようなことが挙げられた。①答えの多様性から思考の機会を与えられるから意欲が湧いた。例えば、「よく考えれば解ける問題だったから」「定められた答えではなく、自分の考えを記入できるから」など。②実際のコミュニケーションに役立つから、意欲が湧いた。例えば、「自分の身に起きることとして捉えられるから意欲が湧く」「こんなとき自分ならどう言うかと考えながらできたので楽しかった」など。

表 6-5　「場面つき」作文問題を解くときの意欲に対するアンケート結果（%）

通常より湧かなかった	通常よりあまり湧かなかった	通常とほぼ同じ	通常よりやや湧いた	通常より湧いた
2.1	2.1	20.8	45.8	29.2

(3)**難易度**　表 6-6 は通常形式の作文問題と比べた、「場面つき」作文問題の難易度に対する各評定を集計したものである。表 6-6 からわかるように、「場面つき」作文問題は通常形式の問題より難しいと思う学習者は意外と少なく（25%）、ほとんどの者（75%）がこのような練習が通常のものとほぼ同じかむしろやや易しいと感じた。

表 6-6　「場面つき」作文問題の難易度に対するアンケート結果（%）

通常より難しい	通常よりやや難しい	通常とほぼ同じ	通常よりやや易しい	通常より易しい
8.3	16.7	45.8	29.2	0.0

(4) **自己評価**　表6-7は通常形式の作文問題と比べた、「場面つき」作文問題の出来ばえに対する各評定を集計したものである。表6-7からわかるように、「場面つき」作文問題の出来ばえは通常形式の作文問題より良かったと思う学習者は52%に上り、それに対して、通常形式の作文問題より出来ばえが悪かったと思う者は少なかった（21%）。

表6-7　「場面つき」作文問題の出来ばえに対するアンケート結果（%）

通常より できなかった	通常よりあまり できなかった	通常とほぼ同じ	通常より まずまずできた	通常よりできた
4.0	16.7	27.2	45.8	6.3

上述のように、コミュニケーション状況の含まれた問題を面白く感じるほど、あるいはそれらの問題を解くときの意欲が高いほど、コミュニケーションへの関心度が高いと言える。したがって、表6-4・6-5のデータによって、「場面つき」学習を受けた学習者のコミュニケーション能力が向上したことを傍証できたと言えよう。また、コミュニケーション状況の含まれた問題を易しく感じるほど、あるいはそれらの問題に対する出来ばえがよいと評価するほど、コミュニケーションの状況判断能力が身についたと言える。したがって、表6-6・6-7のデータによって、「場面つき」学習を受けた学習者のコミュニケーション能力が向上したことを傍証できたと言えるだろう。

近年、「指示待ち族」ということばが、教育心理学領域でたびたび話題にのぼっている（森、2000）。つまり、最近の学習者は、課題を指定され、それを遂行するためのマニュアルが与えられれば、立派にその課題をやり遂げることができるが、自分で問題を発掘し、自分の力でそれを解決することは苦手であるというのである。通常のように「言語表現」を直接与えず、「言語場面」だけを設定し、学生に「言語場面」に合った「言語表現」を考えさせるという「場面つき」作文問題の練習形式は、学習者の「指示待ち」の思考習慣を打ち破り、自律的な方向へ発展させることにも役立つだろう。

以上の結果から、ここで提案した「場面つき学習」が、学生の「わかる」力を育成するとともに、「できる」力を高めることが確かめられた。「どんな場面にどう表現するか」という「機能＋構造」の練習は、明らかに、「わかる」力と「できる」力をあわせて育成するのに資するものだと言えるだろう。

【第6章注】

[注1] focus on form とは、意味の伝達を中心とした言語活動において、教師が必要に応じて学習者の注意を文法などの言語形式（form）に向けさせる指導である。これに対して、focus on forms とは、文法形式（forms）だけを集中的に教えようとする指導理念である。一字の差だが、まったく異なる指導理念を表している。両者の区別を明確にするために、英語では、後者を focus on formS とも書く。日本では、前者が「言語形式の焦点化」の指導法、後者が「言語構造中心」の指導法と訳されている（白畑ほか、1999）。

[注2] 3つの群の間の相違を検討するには「分散分析（analysis of variance）」を用いる。分散分析では、あらかじめ設定する条件（独立変数）とその条件の影響を受けて変化するもの（従属変数）が必要である。独立変数が1要因のとき「一元配置の分散分析」、2つのとき「二元配置の分散分析」となる。本研究では、「場面つき学習」の効果を検証するため、「学習進行の過程」を独立変数、「文法的正確性」を従属変数とし、各学習段階（学習初期・中期・後期、計3群になる）の文法正確性における得点の平均値をもって、一元配置の分散分析による3群間の差の有無を検定した。なお、本研究の統計解析は統計処理ソフト SPSS により行われたものである。

[注3] 分散分析は、複数の群の間に差があるかどうかを示すが、具体的にどの群とどの群に差があるのかは示さない。分散分析の検定結果が「群間に差がある」と示した場合には、さらに、「多重比較（multiple comparisons）」を用いて、全体としてどこに差があるかを解明することができる。多重比較には Bonferroni 法、Tukey 法、Duncan 法など多くの手法がある。本研究では、Bonferroni 法による多重比較を採用した。

【第6章参考文献】

1. Krashen, S.D.　1982　*Principles and practice in second language Acquisition.*　Pergamon Press.

2. Ellis, R. 1997 *SLA research and language teaching.* Oxford University Press.
3. Doughty, C. & Williams, J. 1998 *Focus on form in classroom Second language acquisition.* Cambridge University Press.
4. 高島英幸・木場英雄・前田哲宏 1999 「比較の特殊構文と仮定法の指導——発信者の視点を考えさせる」、『英語教育』（大修館書店）6月号
5. 高島英幸 2000 『実践的コミュニケーション能力のための英語のタスク活動と文法指導』 大修館書店
6. Long, M. & Robinson, P. 1998 Focus on form : Theory, research, and practice. In Doughty & William (eds.), *Focus on form in classroom second language acquisition.* Cambridge University Press.
7. 村野井仁 2006 『第二言語習得研究から見た効果的な英語学習法・指導法』 大修館書店
8. Doughty, C. 2001 Cognitive underpinnings of focus on form. In Robinson (ed.), *Cognition and second language instruction.* Cambridge University Press.
9. Johnson, K. & Morrow, K. 1981 *Communication in the classroom.* Longman Group Ltd.（邦訳『コミュニカティブ・アプローチと英語教育』、小笠原八重訳、1984、桐原書店）
10. 白畑知彦・富田祐一・村野井仁・若林茂則 1999 『英語教育用語辞典』 大修館書店
11. 小柳かおる・迫田久美子 2006 「第二言語習得研究と日本語指導」、『講座・日本語教育学 第3巻 言語学習の心理』（縫部義憲監修・迫田久美子編集、スリーエーネットワーク）
12. Krashen, S. D. 1985 *The input hypothesis : Issues and implications.* Longman.
13. 森敏昭 2000 「真の自己教育力を育てるために」、『認知心理学者教育を語る』（若き認知心理学者の会、北大路書房）

第7章

「できる」力につながる「わかる」授業の工夫
——音読・シャドーイングの指導

7.1 音読の指導

7.11 音読の効用

母語教育（日本語教育）において、声に出して読むことが知的能力開発に大変有効であることが、多くの研究者によって指摘されるようになった（例えば、斉藤、2001；川島、2003）、そのようなブームの中、音読（oral reading）の、母語だけでなく、外国語学習における効用もあらためて重視されるようになった。声に出して読むことが外国語学習にどんな役割を果たすかについての研究は以前からたくさん報告されている（早田、1992・1995・1996；国弘、1978；松村、1987；など）。

その結論として、日本の大学の英語履修者を対象とした実験研究では、英語散文を10回音読した実験群は、同じ文を1回黙読＋5分間精読した統制群（ちなみに音読はしなかった）より、リスニング・テストの得点が有意に優れることが指摘されている（早田、1996）。

また、日本人英語学習者を対象にした実験では、これまでのように和訳の前に形式的に音読を取り入れるのに比べ、実際に大量の音読練習を行うことが、学習者のリスニング力だけでなく、理解を伴ったリーディング力（読む速度・理解力）をも向上させると明言している（鈴木、1998・2005——門田、2007より引用）。

さらに、日本人高校生を対象に、内容理解を終えた英語の文章を、1回5分提示し、繰り返し音読させたところ（すなわち、分散型の指導）、3週間後には、英語学力の上位・中位・下位を問わず、英文中で学習した語彙および構文の記憶・再生を含む問題の成績が大きく伸びたという（Shichino、2005——門田、2007より引用）。

まとめると、「音読」は、記憶力や、リスニング能力、スピーキング能力の向上や、または総合的コミュニケーション能力の増進に重要な役割を果たすということがすでに明らかにされていると言ってよい。

中国語教育の分野においても、「音読」の「できる」教育への有効性を強調する論文（楊、1990；侯、1991）や、ポーズ（"停頓"）やストレス（"重音"）など発音スキルの獲得を重視した音読の指導法を論じる研究（櫨山、

1991；塚本、1994）などがすでにある。

「音読」の効用は明らかであるが、しかし、大学における第2外国語としての中国語授業の場合、現実には、限られた時間（通常、90分の授業を週に2回行う）の中で、文法の説明や、語彙の解釈、本文の理解などに重点が置かれ、本文の「音読」は略されることが多い。したがって、「わかる」中国語、ひいては「できる」中国語を向上させるために、限られた時間の中で「音読」を有効に行うことが重要な課題となる。

また、筆者による日本人の中国語学習における学習方法の調査研究（胡ほか、2004）によれば、「目を通す」（黙読）「書き写す」「音読」という基本的な語学方法の履行状況では、学習内容に関わらず、ほとんどの学習者が「目を通す」や「書き写す」を主な学習方法としていて、「音読」を採っている学習者は半数以下であった（表7-1）。学習方法におけるこのような傾向は、常に指摘されているように外国語教育における「話せない外国語」という現象を生み出す一因であろうと考えられる。したがって、学習者に「音読」の習慣を身につけさせることもまた重要な課題であろう。

表7-1　語学ための基本的学習方法の履行頻度

方法 学習内容	目を通す (人数)	(％)	書き写す (人数)	(％)	音読 (人数)	(％)
単語	78	100	56	72	38	49
文法	78	100	34	44	24	31
本文	76	97	42	54	48	62
平均	77	99	44	56	37	47

7.12 「音声依拠型」音読方法の提案

溝畑（2007）が英語学習のケースから、「音読」を以下の5種類にまとめた。①コーラス・リーディング（chorus reading）：テキストを見ながらクラス全員一斉に声に出して音読。この種の音読では、発音に自信のない学習者でも、まわりにつられて声を出すようになる。②パラレル・リーディング（parallel reading）：聴覚・視覚の二重処理をしながら音読する活動。つまり、テキストを見ながら、一文ずつモデルの後について声に出し

て読む。そのモデルは、最初は教師の肉声であり、学習者のレベルに合わせてスピードを調整したり、長文の場合では、フレーズごとにポーズを入れたり、遅い学習者も追いつけるように工夫する。慣れてきたらテープ・CDなどを使用する。③個人読み（individual reading）：教室内で学習者一人一人がそれぞれ自分のペースでテキストを音読する活動。そのときは、教師は教室内をまわり、学習者の状況を確認し、個別に援助を与える。④リード・アンド・ルックアップ（read and look-up）：音読から再生、暗唱への橋渡しになる活動。つまり、テキストをフレーズ（句）やクローズ（節）の単位で黙読して一時的に記憶し、そのうえで記憶したものを声に出して言う。その場合では、教室内の全員が一斉に行う方式と、ペアを組ませて行う方式がある。⑤レシテーション（recitation：暗唱）：テキストの一部の語句を削除して（　　）にし、その箇所を思い出しながら音読させる。さらに（　　）を徐々に長くし、最後はキーワードのみ黒板に残して、声に出して再生させる。また、与えられた日本語訳や要約を英語にして言うなどの場合もある。

　このような分類法を用いて、中国語学習における「音読」の現状をみると、聴覚・視覚の二重処理をする「パラレル・リーディング」が最も多く行われていることがわかる。「学習者がテキストを見ながら、センテンスの順にしたがって、教師の後について発音する」という風景は中国語の教室でもよく見られるものだろう。しかし、このような聴覚・視覚の二重処理をもくろむ「音読」は、中国語を学習内容とする日本人学習者に採用される場合、その性質が変化する可能性が高いと考えられる。なぜなら、日本人の中国語履修者にとっては、「聴覚」がもたらした読み方ははっきりわからなくても、「視覚」がもたらした漢字については、その意味がほぼわかり、視覚的な文字情報が先行して、聴覚的な音声情報が副次的な要素になってしまうからである。つまり、このような視覚情報に頼る音読方法を用いる場合、漢字を媒介とする認知過程が強化されることによって、漢字と比べて、日本人学習者のそもそも苦手な「音声」がいっそう弱化されてしまうのである。そのため、「音声」より「漢字」そのものが記憶材料として印象に残り、「漢字で作文ができても、発音を覚えていないので、

会話はできない」という現状を誘導してしまう恐れがある。あるいは、視覚情報に頼った音読は、その学習を徹底的に行わない限り、(例えば、早田氏〈1992〉が提唱したように、本文を10回以上も音読するなど)いったんその視覚情報がなくなると、学習した内容がそのままいっしょに失われてしまう恐れもある。ここでは、このように視覚情報に頼る音読方法を「漢字依拠型」音読と呼ぶことにする。

そこで、ここではそれに対して、「音声」を媒介とする認知過程を強化する「音声依拠型」音読の方法を提案する。つまり、「教科書を見ず、キー・ワードを中心にセンテンスを膨らませていく順にしたがって教師の後について発音する」という方法である。このような聴覚情報に頼る音読方法では、日本人学習者の苦手な「音声」が強化され、「漢字」より「音声」のほうが記憶されるであろう。また、本文を見ないで音読するので、本文の内容を暗記する効果ももたらされるであろう。

7.13 「音声依拠型」音読の指導の実践

音読指導の実践を行うために、某大学で、同じ教科書を用い、同一の2人の教員による週2コマ(90分×2)の中国語授業を受けている初級クラスをA(20人)・B(22人)・C(23人)3つ選定した。3クラスのそれぞれの前期テストの成績による一元配置の分散分析(第6章[注2]参照)の結果から、音読指導の開始前では、3クラスが同質であると見なすことができる($F=0.045$, $p>.05$)。

実践開始の1回目の授業では、教科書(『新版　中国語さらなる一歩』竹島金吾監修、尹景春・竹島毅、白水社、2003)の本文に関連する文法事項(「方向補語」と「使役文」)を説明し、単語を解釈する。翌週の2回目の授業では、前回の内容を復習し、その後、単語の意味や文法内容などを確認しながら、本文の学習を行う。

2回目の授業では、本文の学習方法という点だけは異なるが、そのほかに各クラスへの処遇は同じである。本文の学習方法においては、各クラスへの処遇は以下のようにする。クラスAには、文法ポイントを復習した後、「漢字依拠型音読法」で本文を音読させる。具体的には、ピンインの

ついた本文を見ながら、センテンスの順にしたがって、教師の後について、本文を5回朗読させる。クラスBには、文法ポイントを復習した後、「音声依拠型音読法」で朗読をさせる。具体的には、まず、ピンインのついた本文を見ながら、センテンスの順に沿わず、中心語から次第に修飾語へと文を拡張してゆくような読む方で、教師の後について、本文を1回朗読させ、さらにその後、教科書を使わずに同じ方法で教師の後について本文を4回朗読させる。クラスCには、文法ポイントを復習した後、「本文を5回黙読しなさい」と指示し、20分の時間を与える。

　学習効果を検定するために、2回目の授業の直後、テストを行う。テストの問題は、①学習した内容をそのまま呈示し、学習者が認知できるかどうかをみるための「再認課題」と、以前学習した内容を呈示しないで、学習者が再現できるかどうかをみるための「再生課題」計4問（例えば、本文に出た「方向補語」「使役文」に関するセンテンスをピンインだけで表示し、その文を漢字に直し、和訳するように求める。「漢字文」と「和訳」の正解にそれぞれ1点を与え、1問に2点で、満点8点とする）と、②学習した内容を新しい状況で転移できるかどうかをみるための「応用課題」3問であった（例えば、与えられた中国語の単語を並べかえ、「方向補語」「使役文」を含む中国語文にし、和訳するように求める。「漢字文」と「和訳」の正解にそれぞれ1点を与え、1問に2点で、満点6点とする）。

　3クラスのテストの結果を表7-2で表す。7-2からわかるように、満点14点のテストにおいては、「音声依拠型音読法」を用いたクラスBの成績は9.3と一番高い。その次は、「漢字依拠型音読法」を用いたクラスA（7.0）であった。成績が一番低かったのは、「黙読」を用いたクラスC（3.8）であった。各課題別にみても、同じ傾向が見られる。

　また、各課題の平均正答数による一元配置の分散分析をすると、「学習内容の再認と再生課題」においては、3クラスの間には有意な差が見られた（$F=30.651$、$p<.05$）。「学習内容の応用課題」においても、3クラスの間に有意な差が見られた（$F=7.234$、$p<.05$）。全般的に、学習直後の事後テストでは3クラスの間に有意な差が見られた（$F=31.975$、$p<.05$）。

　さらに、Tukey法による3クラス間の差の多重比較（第6章［注3］参

照）の結果、クラスBの成績はクラスAより有意に高く（$p<.05$）、クラスAの成績はクラスCより有意に高かった（$p<.05$）。

まとめると、「音読」を行った学習者（クラスA・B）が、「音読」を行わなかった学習者（クラスC）より学習効果がよかった。また、「音声依拠型音読法」を用いた学習者（クラスB）が、「漢字依拠型音読法」を用いた学習者（クラスA）より学習効果がよかった。よって、ここで提案した「音声依拠型音読法」の効果が実践授業で実証された。

表7-2　3クラスの事後テストの成績

クラスおよび処遇	事後テスト1（満点14）		
	再認・再生課題（満点8）	応用課題（満点6）	計
A（漢字依拠型）	4.4	2.6	7.0
B（音声依拠型）	6.2	3.1	9.3
C（黙読）	2.1	1.7	3.8

7.2　シャドーイングの指導

7.21　シャドーイングの効用

シャドーイング（shadowing）とは、文字通り聞こえてくる音声に「影」のようについて繰り返すことである。中国語で"跟述"と訳されるシャドーイングは、もともと同時通訳を養成するためのトレーニング方法である。そのためか、音読に比べ、その効果についてデータをもとにした実証的研究はまだ少ない。だが、手元に英語学習による最新の研究データ（玉井、2005）がある。日本人の英語学習者90人を同質な2グループに分け、グループAの実験群にはシャドーイング中心の授業を、グループBの統制群には英語を聞いてそのまま書き取るというディクテーション中心の授業を、それぞれ週1回50分ずつ計13回実施した。リスニング問題を問う事後テストの結果、英語成績上位群の学習者には、シャドーイングとディクテーションの指導効果に差は見られないものの、中位群および下位群では、シャドーイングのほうがディクテーションよりも、有意にリスニング

力を伸ばす働きがあると分かった。

このような結果はなにを意味しているか。玉井（2005）は、「上位群がすでにもっていたもの、すなわち非知識的なリスニング技術を中・下位群がシャドーイングを通じて身につけたから」と考えている。では、この「非知識的なリスニング技術」とは具体的にどんなものであろうか。

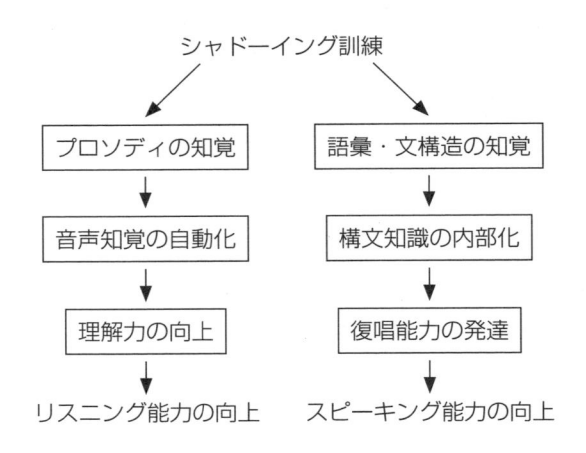

```
              シャドーイング訓練
              ↙        ↘
    ┌─────────────┐   ┌─────────────┐
    │ プロソディの知覚 │   │ 語彙・文構造の知覚 │
    └─────────────┘   └─────────────┘
           ↓                 ↓
    ┌─────────────┐   ┌─────────────┐
    │ 音声知覚の自動化 │   │ 構文知識の内部化 │
    └─────────────┘   └─────────────┘
           ↓                 ↓
    ┌─────────────┐   ┌─────────────┐
    │  理解力の向上  │   │ 復唱能力の発達 │
    └─────────────┘   └─────────────┘
           ↓                 ↓
    リスニング能力の向上   スピーキング能力の向上
```

図7-1　シャドーイングの機能

門田（2007）を参考に作成

門田（2007）によれば、シャドーイングは、①音声知覚の自動化機能、②構文知識の内部化機能、をもっている（図7-1）。①では、リスニングにおける低次処理レベルである「音声知覚」が鍛えられ、このレベルの処理の自動化が図られる。さらに、古川（2005）によれば、知覚する音声には、発音・ストレス（"重音"）・リズム・イントネーション・ポーズ（"停頓"）など、話しことばがもつ各種の音韻要素（プロソディ：prosody）が含まれている。この音声のプロソディは、内容の「理解」を助ける要素であり、コミュニケーションの中核的役割を担うものである。つまり、音声知覚としてのシャドーイングを通して、「プロソディ」が知覚機能を刺激し、高め、それがひいては内容の「理解」につながるのである。この「プロソ

ディ」に対する知覚こそ上述の「非知識的なリスニング技術」であろう。

②では、音声的に受容した言語情報を処理（理解）しつつ即座に繰り返す（復唱する）ことで、記憶に定着し、文構成知識の内部化が図られる。つまり、リスニングと同時にスピーキングをしているので、その意味では、口で発音することによって文構成の知識を練習することになる。この機能が働く結果、スピーキング力の向上につながるのである。

近年、中国語教育実践にシャドーイング法を取り入れた成功例も報告されている（例えば、古川、2004；金子、2007）。筆者も2007年に所属の大学の中級クラスではじめてシャドーイングを導入し、毎回の10分間のシャドーイング練習を行った。1回目のシャドーイングの練習開始前に、事前テストとして、第55回「中国語検定試験」3級リスニングの問題を用いて、学生の成績を記録し、満点20点中18〜20点を得た学習者を「上位群」、平均点の10点から17点を得た者を「中位群」、平均点以下の者を「下位群」とした。また、15回目のシャドーイング練習が終わった後、事後テストとして、第56回「中国語検定試験」3級リスニングの問題を用いて学習効果の検定を行った。シャドーイング採用前後の成績を比較した結果（表7-3）、全体的に平均得点が事前の9.5点から事後の13.6へ上がり、とりわけ下位群の成績の伸びが最も大きかった（4.7→11.6）。また、期末に学習者にシャドーイング練習について自由記述のアンケート調査を行ったところ、1人が「個人的にシャドーイングは苦手です、ピンインがわからなくなる」という否定的な意見を書いたほかは、多くの学習者がこの方法の良さを実感できたと述べた。例えば、「実際の中国語のスピードが分かっ

表7-3　シャドーイング練習前後のリスニング成績

	事前テスト	事後テスト
上位群（2）	19.0	19.5
中位群（7）	13.0	15.1
下位群（11）	4.7	11.6
計　（20）	9.5	13.6

（20点満点）

て、刺激になりました」「中国語の発音など、確認できてよかった」「文法を理解して本を見ないでやるので、力がつくと思いました」「まだ完全には暗記しきれなくて、聞き取れないこともあるけど、続けていきたいです」「難しいけど練習し続けることで、ほんの少し頭に表現が残るので、中国語を話せるようになるためにはとても重要なものでよかった」「最初は難しく感じましたが、慣れました。頭に残るのでためになると思います」「家でもやろうと思いました」、など。

7.22　シャドーイングの指導手順および留意点

　よく知られている「音読」（"朗读"）や「繰り返し」（"复述"）と違って、シャドーイング（"跟述"）は一定の技術を要する練習なので、手順に沿った指導が必要である。ここでは、シャドーイングの指導手順を紹介する。

　①リスニング。まず、シャドーイング用の材料のリスニングである。通常、使っているテキストの本文を用いるが、場合によっては、教師がテキスト以外の音声ソースを使ってもよい。この場合、難易度の適切なものを選択することが大事である。1～2回のリスニングで全部の内容ではなく、概要がつかめる程度のものがよい。

　②パラレル・リーディング（parallel reading）。つづいて、目で文字材料を見ながら、耳で聞こえてくる音声を追って発音する。この場合、主にリスニング段階で耳だけでは聞き取れなかった箇所を中心に、視覚と聴覚を合わせて確認する。確認焦点は中国語の漢字とピンインにそれぞれ分けて、2回チャレンジしてもよい。

　③意味チェック。もしシャドーイング用の材料に分からない発音や単語、構文があれば、必要に応じて辞書を引いたり、質問したりする。

　④プロソディ・シャドーイング（prosodic shadowing）。音声の後についてわずかな遅れ（1～2音節）で発音していく。このときは、ポーズやリズム、イントネーションなどに注意を向け、できるだけ音声モデルをそのまま模倣する。プロソディ・シャドーイングがほぼ効率よく自動的にできるようになれば、シャドーイングの目標はほぼ達せられたと言える。したがって、必要があれば、繰り返し練習してもよい。

⑤コンテンツ・シャドーイング（content shadowing）。プロソディ・シャドーイングと違って、このときは、文の意味内容に注意を向け、音声モデルを追って発音する。このコンテンツ・シャドーイングによって、ますますリスニングの音声知覚段階やその後の復唱が自動的に苦もなくできるようになる。2～3回繰り返し練習すればよい。

ただし、シャドーイングの効果を上げるために、指導にあたって留意しなければならない点がある（門田ほか、2004）。それは以下の3点にまとめることができる。

①適切な練習時間。シャドーイングでは、学習者の高度な集中力が必要であるので、長時間の練習は勧められない。適切な練習時間は学習者の状況や、音声材料にもよるが、一般的に20分程度がよい。

②適切な練習材料。すでに述べたが、シャドーイング練習は、語彙や文構成を増やす目的とする「講読」などの練習と違って、単語や文構成はほとんど知っている（あるいは、未知語は全体の2～3％以内）ものでなければならない。そうでないと、学習者の注意が個別の単語や文構成に向いてしまい、シャドーイングができなくなる。

③自己評価。設備などの条件が備えられれば、学習者が自分のシャドーイングを録音し、出来具合をチェックすることが望ましい。失敗した箇所（ついて行けなかったところ、イントネーションがおかしかったところ、など）を自己評価することによって、学習目標への自覚がより明確になるからである。

【第7章参考文献】

1. 斉藤孝　2001　『声に出して読みたい日本語』　草思社
2. 川島隆太　2003　『脳を鍛える大人の音読ドリル』　くもん出版
3. 早田武四郎　1992　「リスニング力の向上を目指す10回朗読法の効果」、『中国地区英語教育学会研究紀要』第22号
4. 早田武四郎　1995　「大学英語教育におけるリーディング・アラウド・プロジェクトの試み」、阪南大学学会誌『阪南論集』第31巻第2号
5. 早田武四郎　1996　「大学英語教育における朗読学習の試み」、和歌山大学教育学部紀要『教育科学』第46集

6. 国弘正雄　1978　『国際英語のすすめ』　実業の日本社
7. 松村幹男　1987　『英語のリーディング』　大修館書店
8. 門田修平　2007　『シャドーイングと音読の科学』　コスモピア
9. 楊光俊　1990　「論"読"在対外漢語教学程序中的位置——兼論漢文字与漢語言的関系」、『桜美林大学中国文学論叢』第15号
10. 侯精一　1991　「漫談日本的中国語教学」、『语言教学与研究』第1期
11. 櫨山健介　1991　「中国語のストレス（重音）とその教学方法について」、『早稲田商学』第348号
12. 塚本尋　1994　「現代中国語（普通話）のポーズとストレス——中国語発音指導法試論(1)」、『杏林大学外国語学部紀要』第6号
13. 胡玉華・宇野忍　2004　「大学生の中国語の学習方法に関する実態調査」、國學院大學紀要『國學院雑誌』105巻第4号
14. 溝畑保之　2006　「語彙の定着をはかるためにどのようにタスクを工夫したらよいか」、『英語語彙指導ハンドブック』（門田修平・池村大一郎、大修館書店）
15. 玉井健　2005　『リスニング指導法としてのシャドーイングの効果に関する研究』　風間書房
16. 古川典代　2005　『中国語シャドーイング入門』　DHC
17. 古川典代　2004　「中国語シャドーイングのすすめ——通訳トレーニングメソッドの初級語学教育への活用」、『大阪外国語大学言語社会学会研究会報告集』Vol.7
18. 金子真生　2007　「高等学校における中国語発音教育試論——同時通訳訓練法を中心として」、『中国語教育』第5号

第 8 章

「できる」力に関与する学習ストラテジー

これまでは教育者側の視点から中国語教育における学習者の「わかる」力・「できる」力の問題を論じてきた。だが、「教える」ことはあくまでも「学ぶ」という学習者の行為に従属してはじめて意味をもつものであろう。したがって、この章では、学習者側の視点から学習者の中国語の「できる」力の育成の問題を見てみたい。

「できる」力の育成がうまくいかないとき、それは学習者側に原因がある可能性もある。例えば、練習量・勉強時間・学習方法・学習動機・心理的不安、などである。本章では、そのうち学習者の学習ストラテジーの問題を取り上げて論じたい。

8.1　言語学習ストラテジーの種類

学習に関しては、学習「ストラテジー」（strategy：方略）ということばより「学習方法」のほうがよく使われる。例えば、「先生、どうやったら中国語がうまくなりますか？」と学生に聞かれた経験のある教師は少なくないだろう。また、「この子は頑張っているのになぜ成績がよくないのだろう？」そう思う教師もいるだろう。これらの質問で問われている「学習方法」は、実は学習ストラテジーの一部でもある。

学習ストラテジーとは、「記憶、学習、問題解決などにおいて、情報を探索し、受容し、利用する様式のこと」であり（辰野ほか、1986）、「学習をより易しく、より速く、より楽しく、より自主的に、より効果的に、そして新しい状況に素早く対処するために学習者がとる具体的な行動」である（Oxford、1990）。つまり、ストラテジーは学習過程において、学習の質を向上させるために意図的に行われる活動である。

O'Malley & Chamot（1990）は、学習ストラテジーを次の3種類に分類している。すなわち、①学習プロセス全体の流れを把握し、コントロールする「メタ認知ストラテジー」（metacognitive strategy）、②通称の「学習方法」で、学習活動や特定の課題達成に直接に関わる「認知ストラテジー」（cognitive strategy）、③ほかの学習者や教師と適切に交流し、学習活動を円滑化する「社会・情意ストラテジー」（social-affective strategy）、である。

図8-1 は、ストラテジーの分類図および各ストラテジーの具体例を示している。

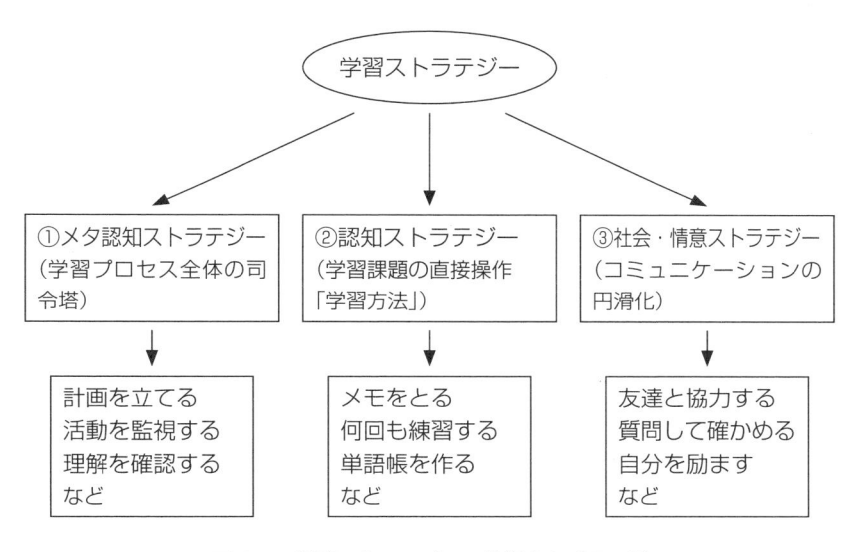

```
                    学習ストラテジー
          ┌─────────────┼─────────────┐
          ↓             ↓             ↓
   ①メタ認知ストラテジー  ②認知ストラテジー   ③社会・情意ストラテジー
   （学習プロセス全体の司  （学習課題の直接操作  （コミュニケーションの
    令塔）              「学習方法」）       円滑化）
          ↓             ↓             ↓
   計画を立てる         メモをとる        友達と協力する
   活動を監視する        何回も練習する      質問して確かめる
   理解を確認する        単語帳を作る       自分を励ます
   など              など           など
```

図 8-1　学習ストラテジーの分類およびその例
大学英語教育学会（2006）を参考に作成

　外国語学習において、どのような学習ストラテジーを使うかによって言語学習の成功の度合いが大きく左右されることは、多くの研究によって証明されている（O'Malley & Chamot、1990；竹内、2003；Oxford、1990）。言い換えれば、個々の学習者に向いていないストラテジーや、間違ったストラテジーが使われると、かえって学習にマイナスの効果を与えてしまうのである。この章では、それぞれのストラテジーを生かした学習の実践を紹介したい。

8.2 メタ認知ストラテジーを生かした学習
8.21 メタ認知ストラテジーの機能

　学習ストラテジーの中で、最も重要なのはメタ認知ストラテジーである。なぜなら、認知的な学習行動（認知ストラテジー）や自他との心理的な協調（社会・情意ストラテジー）を可能にするのが、学習活動において司令塔的な役割を果たしているメタ認知ストラテジーだからである。そういう意味で、メタ認知ストラテジーをうまく利用すれば、学習活動を成功に導くことが大いに期待できる。

　では、メタ認知とはどんな認知であろうか。メタ認知範疇のストラテジーは学習活動にどんな役割をどのように果たすのか。認知心理学によると、メタ認知とは人間が誰でももっている自分自身の認知的活動に関する認知である（辰野ほか、1986）。それは、2つの側面をもっている。1つは、知識的側面、つまり、自分の認知や認知プロセスについての知識、例えば、記憶・理解・問題解決に関する知識。もう1つは、活動的側面、つまり、自分の認知や認知プロセスを調整する活動、具体的には、自分自身の認知活動に対して、プランニング、モニタリング、チェッキングをするという調整機能をもっているのである。

　メタ認知概念を最初に提案したのは認知心理学者のFlavell（1976）で、その後、Brown（1978）が「知識的」側面より「活動的」側面を中心にメタ認知の重要性を主張し、教育への応用可能性に着眼した研究を進めた（河野、2006）。近年、教育心理学では、メタ認知の調整機能（プランニング、モニタリング、チェッキング）が高く評価され、学習指導において、「メタ認知的学習ストラテジー」（学習方策）の訓練が提案されている（市川、2000）。

　では、実際の言語学習の活動において、メタ認知の調整機能はストラテジーとしてどのような役割を果たすのか。ここでは、言語学習の活動を「開始」「展開」「終結」の3段階に分けて説明してみたい（図8-2）。

　言語学習活動の「開始」段階では、まず、学習者がプランニング・ストラテジーを用いて、「この学習の目標はなにか」「それを達成するためには

どうすればいいのか」、などのように目標の確認や計画の活動を行う。これらの活動は、その後の学習の取り組みの成否に大いに影響を与える。第5章で紹介したロールプレイの失敗例では、学習活動の目標の確認がきちんと行われていないことがその失敗の原因であった。

　言語学習活動の「展開」段階では、学習者は当然、実際に言語活動の遂行に関わる認知ストラテジー（学習方法）や社会・情意ストラテジーを利用する。そして、その間、学習者はモニタリング・ストラテジーを使って、自分自身の学習状況を的確に把握し、「いまの学習方法でよかったのか？」「前の段階で設定した目標は適切だったのか」、などと自らの学習過程を監視し、必要に応じて学習方法の改善や学習目標の修正などを行う。このような活動が行われてこそ、よりよい学習効果がもたらされるのである。

　言語学習の「終結」段階では、学習者がチェッキング・ストラテジーを使って、「うまくできたのか」「残った問題はなにか」、などと振り返って自分自身の学習効果を評価する。これは次の学習目標の設定に欠かせない活動である。

　以上の分析をまとめると、メタ認知ストラテジーが言語学習のどの段階でも重要な役割を果たしている。したがって、中国語教育の実践中に、メタ認知ストラテジーを生かした学習が必要なのである。

メタ認知の機能		メタ認知ストラテジー		学習活動
プランニング	→	プランニング・ストラテジー （自分自身の学習目標を計画する）	⇒	開始 ↓
モニタリング	→	モニタリング・ストラテジー （自分自身の学習過程を監視する）	⇒	展開 ↓
チェッキング	→	チェッキング・ストラテジー （自分自身の学習結果を評価する）	⇒	終結

図 8-2　メタ認知ストラテジーの役割

大学英語教育学会（2006）を参考に作成

8.22 「できる」力の育成へのチェッキング・ストラテジーの利用

前述したように、メタ認知ストラテジーには、①プランニング・ストラテジー、②モニタリング・ストラテジー、③チェッキング・ストラテジー、がある。そのうち、「チェッキング・ストラテジー」（自己評価方策）が学習活動において果たす役割がとりわけ大きく、しかも実際に指導・操作が簡単であるなどの利点から、その活用の必要性が教育心理学で強調されている。具体的には、学習者自身がどれほど学習したのか、どれほど理解したのかを自己評価することによって、学習効率を高めることができるということが明らかにされている（市川、2000）。

筆者は、中国語学習においても、学習者に「自己評価」の機会を与えることが彼らの学習効果——「できる」力——を高めるのかについて、実践研究を行った。

『コミュニカティブ中国語　Level 1』（岡田英樹・絹川浩敏・胡玉華・張恒悦、郁文堂、2007）を教科書にした某大学の初級中国語クラスの学生25人を対象に、「本文の訳読」「表現ポイントの説明」「コミュニケーションの練習」の後、宿題として課ごとに設けた「コミュニケーション能力達成の自己チェック」の実施（表8-1）を求め、具体的かつ明確な目標と照らし合わせながら、学習者のチェッキング・ストラテジーの機能——自分は何を知っているか、自分は何ができるか、自分がどこまでできているか——を発揮させて、意図的にメタ認知ストラテジーを用いる習慣を身につけさせた。

表 8-1 コミュニケーション能力達成の自己チェック

課	コミュニケーションの機能	目標達成の自己チェック
1	①初対面の挨拶 ②自己紹介 ③相手のことを尋ねる	①初めて会う相手に、簡単な自己紹介や挨拶をすることができますか。 ②初対面のとき、相手に姓・名前を尋ねることができますか。 ③初対面のとき、相手の国籍・身分を尋ねることができますか。
2	①出身地を語る ②家族構成を語る ③職業を語る	①相手の出身地・職業・家族構成を尋ねることができますか。 ②自分の出身地・職業・家族構成について語ることができますか。
3	①日付・曜日の言い方 ②大学生活を語る	①時刻・日付・曜日などを聞いたり話したりすることができますか。 ②一日のスケジュールや大学生活について、聞いたり話したりすることができますか。
4	①ものの所在位置の言い方 ②道順の尋ね方	①ものがどこにあるか、人がどこにいるかを聞いたり答えたりすることができますか。 ②ある場所の位置、またそこに向かう道順や交通手段について尋ねたり説明したりすることができますか。
5	①お金の言い方 ②値段の聞き方 ③過去の経験・完了したことを語る	①買い物するとき、商品の値段について尋ねることができますか。 ③過去に経験したことやすでに行われたことを語ることができますか。
6	①飲み物・料理を注文する ②食べ物の好き嫌いを言う	①レストランで飲み物や料理を注文することができますか。 ②注文するときに、相手の好みを尋ねたり、自分の好みを告げたりすることができますか。 ③友人と飲み物や食べ物の好き嫌いを語ることができますか。
7	①趣味・特技を語る ②趣味の腕前を語る	①相手の趣味や特技を尋ねたり、自分の趣味や特技を語ったりすることができますか。 ②趣味・特技に関して、相手や自分の腕前を話すことができますか。

8	①相手の電話番号・アドレスなどを尋ねる ②旅行の計画を語る	①相手に電話番号・アドレスなどを教えたり、教えてもらったりすることができますか。 ②旅行の予定・計画などを尋ねたり話したりすることができますか。
9	①病気の人を慰める ②病気の症状を説明する ③病気のため休暇をとる	①体調を崩した友人に声をかけたり、慰めることができますか。 ②自分が風邪を引いたとき、その症状を説明することができますか。 ③都合が悪くて授業を休みたいとき、友人からその旨を先生に伝えてもらうことができますか。
10	①自分の生活・周りの環境・天気などを記述する ②手紙の形式	①京都や故郷の四季・気候について簡単に紹介することができますか。 ②中国の書式にしたがって、中国語で簡単な手紙を書くことができますか。

1学期終了後に、学習者の自己評価の結果（自己評価を行ったかどうか）を収集し、さらに学習目標達成度（「できる」力のレベル）を測定するための事後テスト（それぞれの学習目標にマッチしたタスク課題8問）を行い、学習者の「自己評価」と「できる」力のレベル（正答：高レベル、ほぼ正答：普通レベル、誤答：低いレベルとする）との関係を分析した（表8-2）。

表8-2 自己評価と課題解決のクロス集計表

課題解決 自己評価	「できる」力			合計
	高いレベル	普通レベル	低いレベル	
自己評価した	56	19	32	107
自己評価しなかった	22	30	41	93
合計	78	49	73	200

その結果、①全体的に、チェッキング・ストラテジーを積極的に使用した学習者がまだ多くなく、ほぼ半数の学習者は「自己評価」を行わなかった。②「できる」力の高い者は「自己評価」を行った学生がほとんどであり、それに対して、「できる」力の低い者には「自己評価」を行わなかっ

た学生が多かった。さらに、χ^2検定[注1]を行ったところ、課題解決のできばえと自己評価の有無の関連性が有意であった（$\chi^2 = 17.505$、自由度 df = 2、$p < .05$)、すなわち、チェッキング・ストラテジーを使用した学習者のほうが「できる」力がつく、ということがわかった。

この実践研究の結果は、①チェッキング・ストラテジーが学習者の「できる」力の向上に効果的であること、しかし②学習ストラテジーとして、チェッキング・ストラテジーの重要性がまだ学習者に認識されていないこと、を意味している。したがって、中国語学習者の「できる」力を向上させるために、学習ストラテジーの指導と学習ストラテジーを使用しやすい環境作り（教科書の工夫など）が必要であろう。

8.3　認知ストラテジーを生かした学習

8.3.1　文法学習における認知ストラテジー

中国語の文法事項を学習する際に、学習者がどんな認知ストラテジー（すなわち、学習方法）を採用しているのか、それらのストラテジーは学習に好ましい効果をもたらしているのか。これらの問題を解明するために、筆者は某大学の中国語初級クラスA・B・Cの学習者（81人）を対象に調査1を行った（胡ほか、2004）。具体的には、前期テストの直後に、対象者全員に「文法の復習方法」についての自己評価を求め、さらに、前期テストの成績を学習効果の指標とし、60点以上を得た者を「合格者」、59点以下の者を「不合格者」とし、学習方法と学習効果との関係を調べたのである。

その結果、まず、学習者が中国語の文法事項を学習（復習）する際に採用した方法は、次の4種類に分類することができる。(a)文法事項の解説および例文に目を通す、(b)文法事項の解説および例文を書き写す、(c)声に出して、文法事項の解説および例文を読む、(d)文法事項の解説および例文を自分なりの理解に基づいてまとめる。

次に、「合格者」と「不合格者」の上記の4方法を採る者と採らない者を集計し、表8-3に示してみる。

表 8-3　各学習方法の使用人数の集計表

学習方法	合格者（60人）		不合格者（21人）	
	採る（%）	採らない（%）	採る（%）	採らない（%）
方法(a)	59 (98)	1 (2)	19 (90)	1 (10)
方法(b)	25 (42)	35 (58)	9 (43)	12 (57)
方法(c)	39 (65)	21 (35)	3 (14)	18 (86)
方法(d)	9 (15)	51 (85)	3 (14)	18 (86)

　表8-3から以下のことがわかった。①合格者の中では、方法(a)を採る学習者の割合が採らない者のそれより断然と多い（98%＞2%）。しかし、不合格者でこの方法を採った者も多かった（90%）。このことから、文法を学習する際に、「文法事項の解説および例文に目を通す」（すなわち、黙読）ことは必要だが、決定的な方法ではない。②合格者の中では、方法(b)を採らなかった学習者がやや多かったが（58%＞42%）、しかし、不合格者にもこの方法を採らなかった者が多かった（57%＞43%）。このことから、文法を学習する際に、「文法事項の解説および例文を書き写す」という方法は、やってもやらなくても学習効果に大差ないことが推測できる。すなわち、「文法事項の解説および例文を書き写す」という方法は重要であるとは言い難い。③合格者の中では、方法(c)を採る学習者の割合が、採らない者のそれより多かった（65%＞35%）、また、不合格者にこの方法を採らなかった者が多かった（86%＞14%）。このことから、文法を学習する際に、「声に出して、文法事項の解説および例文を読む」（音読）ことはかなり重要な方法であることが言える。④合格者の中では、方法(d)を採らなかった者が多かった（85%＞15%）、同様に、不合格者にもこの方法を採らなかった者が多かった（86%＞14%）このことから、文法を学習する際に、「まとめる」という方法は、やってもやらなくても学習効果に大差ないと推測できる。すなわち、「まとめる」方法は重要であるとは言い難い。

　文法学習においては、「理解する」ことが大切である。つまり、例文を通して文法事項の規則への理解を深めることが肝要である。これによって、調査１の結果を吟味すると、「思考力」の参与しない「書き写す」作業は、文法知識の理解を促進させえないと考えられる。しかし、学習者の

思考活動が求められる「まとめる」方法が、なぜ文法学習によい効果をもたらすことができなかったのか。この調査の結果はなにを意味しているのであろうか。

この疑問を解明するには、実際に学習者がどのように「まとめる」作業をしていたかを知ることが必要となる。そのため、調査を受けたクラスBの学習者にさらに事前調査2を行った。具体的には、通常の授業時間内に、学習内容（助動詞"会""能""可以"の意味および使い分け）を紹介した後、「学習した内容をまとめなさい」という課題を出し、学習者の「まとめる」方法を調べた。

その結果、正誤を問わずに、実際に自分なりの理解に基づいて、学習した内容を自分のことばで「まとめる」作業をした学習者は26人に12人しかいない（46％）、過半数の学習者は教科書の「文法ポイント」の説明および例文を一通り書き写すだけであって、結果的に「まとめる」方法が単なる「書き写す」方法に変わってしまっていた。要するに、調査1から読み取れた「まとめる方法は、やってもやらなくても学習効果に大差はない」という結果は、学習者のまとめる方法に問題があるため、実際には、「まとめる」ことの役割が果たせていなかったからだと考えられる。

したがって、①「まとめる」方法は実際に好ましい学習効果をもたらすのか、②もし「まとめる」方法が本当に有効であるならば、教育者はどのようにして「まとめ方」の指導を行うべきなのかという2課題に関して、教育実践を通じて検討すべきであろう。

8.32　文法学習における「仮想的教示」ストラテジーの提案

学習心理学でも、理解を深めるための「練習問題」を解くよりは、その前に「定義と事例」をよく読んで、理解するのが効果的であることが指摘されている（市川、2000）。さらに、「理解する」作業を促進する手段として、「仮想的教示」ストラテジーが勧められている（市川、1991・1993）。「定義と事例に注意しながら、先生になったつもりで、初学者にわかりやすく説明する」ことである。つまり、人に説明ができるように理解しておくことが学習によい効果をもたらすと考えられるのである。

では、「仮想的教示」は中国語学習に効果的であろうか。この問題を解明するために、以下の実践研究を行った（胡、2004a）。まず、某大学で、同じ教科書を用い、同一の2人の教員による週2コマ（90分×2）の中国語授業を受けている初級クラスをA（20人）・B（19人）・C（24人）3つ選定した。3クラスのそれぞれの前期テストの成績による分散分析（第6章［注2］参照）の結果から、実践研究開始前では、3クラスが同質であったと見なすことができる（F＝0.212、p＞.05）。

「介詞（前置詞）の使い方」を学習した後、3クラスにそれぞれ異なる処遇を与える。その異なった処遇（独立変数）の学習成績（従属変数）への影響を確認する。具体的には、クラスAには、教科書についている「練習問題を解く」課題を求め、そのほかに、「初学者に教えるつもりで、自分のことばで介詞に関する文法事項を解釈し、例文を考えて、授業教案を書きなさい」と指示し、「仮想的教示」まとめ方をさせる（以下、まとめ方の指導1）。クラスBには、教科書についている「練習問題を解く」課題を求め、そのほかに、「自分なりの理解に基づいて文法事項を解説し、例文を作りなさい」と指示し、通常のまとめ方をさせる（以下、まとめ方の指導2）。クラスCには、教科書についている「練習問題を解く」課題だけを求め、「まとめる」課題を求めない。

翌週、課題を回収する。さらに、1週間後、事後テストとして、「介詞」を含む日本語から中国語への翻訳問題5問（1問に1点を配点し、5点満点）を回答させた。3クラスの事後テストの結果を表8-4に示す。

表8-4　3クラスの事後テストの成績

クラスおよび処遇	平均正答数
A（まとめあり＋指導1）	4.4
B（まとめあり＋指導2）	3.4
C（まとめなし）	2.3

表8-4からわかるように、①まとめる課題をしたクラス（A・B）が、まとめる課題をしなったクラスCより事後テストの成績が高い。②まとめ

る課題をした学習者に、「仮想的教示」ストラテジーを採用したクラスAの成績は、通常のまとめ方を採用したクラスBより事後テストの成績が高い。したがって、「まとめる」ストラテジーが、文法学習に効果的であるが、その中でも「他人に教える」というまとめ方、すなわち「仮想的教示」ストラテジーが最も優れていると言える。

　しかし、「まとめる」ことを強調するときに、留意しなければならない点がある。それは「まとめる」ことの実行が文法事項への極めて正確な理解を前提とせねばならないということである。つまり、まとめるときに、文法規則の理解が不完全であったり、小さな誤解があったりすると、それが後の大きな誤解につながりかねない。その誤った理解が指摘されずに記憶されると、かえってその後の学習に悪影響さえ与えてしまうであろう。そういう意味では、「練習問題」を課するより「まとめる」課題を課するほうが、教師の授業効果を確認するための参考になると言える。学習者がまとめた文章からは、彼らの新知識への理解が偏っていないか、間違っていないか、ということがはっきりわかるからである。そのようにして学習者の学習状況を把握することがまた次の学習ステップにつながるのである。

8.4　社会・情意ストラテジーを生かした学習

8.4.1　動機づけの重視

　言語学習の効果を大きく左右する学習者の社会的・情意的要因は数多いが、最も重要なのは動機づけ（motivaiton）である。教室で外国語を学習するより、その国へ短期留学や旅行に行くほうが語学の上達が大きい。それは学生が自分でしゃべりたいと思うようになり、そしてしゃべるために語彙や文法をたくさん知りたいと思うようになるからである。語学に限らず、なにをやるにもやる気があるほど成功しやすいことは言うまでもない。そのしゃべりたい、やりたい、というやる気こそが「動機」となるのである。

　では、言語学習の動機づけとはなにか、その動機づけの構成要素はなに

か。Gardner & Lambert（1972）は、言語学習の動機を「統合的動機づけ」（integrative motivation）と「道具的動機づけ」（instrumental motivation）に分けて研究している（小柳、2004より引用）。「統合的動機づけ」とは、外国語を学習することによって、そのことばを話す人々の集団に社会的文化的に帰属し、その中で自己を確立するという動機であり、「道具的動機づけ」とは、外国語を学習することによって、社会的地位を得たり、職を手に入れたり、入学試験に合格したりしようとする、などの動機である。例えば、日本人中国語学習者の第1動機として指摘されている「中国あるいは中国語に興味をもっている」（廖、1996；水原、1997；胡、2004b）ことは、「統合的動機づけ」であり、第2動機として指摘されている「中国はとなりの国なので、付き合いが増えている」（胡、2004b）ことは、「道具的動機づけ」である。しかし、どちらの動機づけが言語学習により影響を与えるかについて、一貫性のある結論はまだ得られていない。Gardnerらのカナダ人フランス語学習者を対象とした研究では、統合的動機づけとコミュニケーション能力には高い相関関係があることがわかったが、フィリピン人の英語学習者を対象とした研究では、道具的動機づけが高いほど言語能力のレベルも高いという全く正反対の結果も見出されている（小柳、2004より引用）。

　Deci（1975）は、教育心理学的な見方から、言語学習の動機づけを「内発的動機づけ」（intrinsic motivation）と「外発的動機づけ」（extrinsic motivation）に分けて研究している（小柳、2004より引用）。中国に関心があるから中国語を勉強する、中国語が面白いから学ぶというような本来の学習目的と直接結びついているのが「内発的動機づけ」であり、学習本来の目的ではなく、報酬・賞賛・叱責回避などが目的となっているのが「外発的動機づけ」である。一般的には、「内発的動機づけ」のあるほうが学習意欲を長期的に維持できるとされているが、しかし、外発的動機づけが加わることによって内発的動機づけが強化されるか否かについては、研究によって結果が分かれている（小柳、2004）。

　Brown（2000）は、これらの2つの異なる立場の分類を統合して、表8-5のように、二次元的に動機づけをとらえるべきだとしている。

表 8-5　動機づけの二次元化

	内発的動機づけ	外発的動機づけ
統合的動機づけ	外国文化に帰属したいと希望する	外国文化への帰属意識を高めるには外国語を学習することが他人から期待される
道具的動機づけ	外国語を用いて自己の目標を達成したいと希望する	他者の目標を達成するために外国語を学習することが期待される

小柳（2004）より

　堀野ら（堀野ほか、1997）は、英語学習を課題とした研究を通じて、学習動機を6種類に分類した。すなわち、①知的好奇心や向上心のために学習するという「充実志向」、②知力を鍛えるために行うという「訓練志向」、③仕事や生活に役立つ知識や技能を得たいからという「実用志向」、④ほかの生徒や先生につられて学習するという「関係志向」、⑤他者に誉められることを目的とした「賞賛志向」、⑥成績に伴う物質的報酬や学歴、出世などを期待する「報酬志向」である。これらの動機は、図8-3に示したように、学習内容の重要性と賞罰の直接性という2要因によって構造化される。

学習内容の重要性　大（重視）／小（軽視）

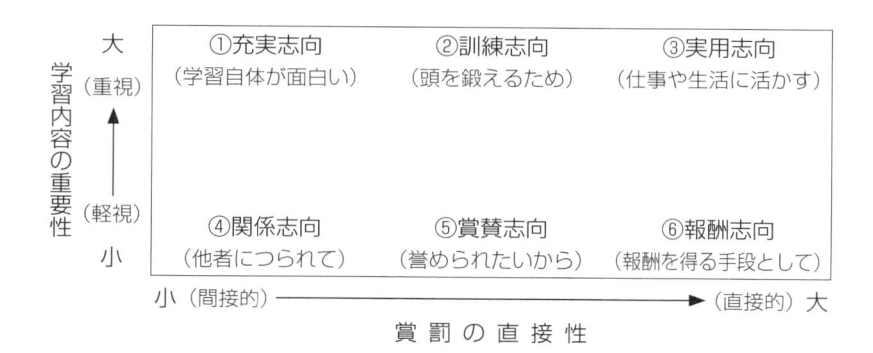

	小（間接的） ←　賞罰の直接性　→ 大（直接的）
大（重視）	①充実志向（学習自体が面白い）　②訓練志向（頭を鍛えるため）　③実用志向（仕事や生活に活かす）
小（軽視）	④関係志向（他者につられて）　⑤賞賛志向（誉められたいから）　⑥報酬志向（報酬を得る手段として）

図 8-3　学習動機の2要因モデル

堀野ほか（1997）より

筆者がある6つの大学の中国語初級クラスの履修者からランダムに各26人を選び、計156人を対象にし、彼らの学習意識についての実態調査を行った（胡、2004b）。調査結果から見出された、「中国に興味をもっているので、もっと中国のことを知りたい」という第1位の学習動機は、「充実志向」に当たり、この動機による学習者は、賞罰や報酬を意識した学習行動をとっておらず、学習する内容自体を大切なものと考える傾向が強い。その点は、同実態調査で行った「授業への要望」に関する調査結果によっても裏づけられる。すなわち、「少なくとも最低限の基礎を確実に身につけさせてほしい」、および「中国語だけではなく、中国のことも紹介してもらいたい」という学習内容に関する要望が上位になっていることは、上記のように、「中国に興味をもっているので、もっと中国のことを知りたい」という動機が第1位になっていることと対応する。また、「中国はとなりの国なので、付き合いが増えているから」という第2位の学習動機は「実用志向」に当たり、この動機による学習は、学習内容の重要性と深く関わるだけでなく、賞罰とも直接関わっていると言える。したがって、彼らは学習する内容を大切なものと考えているほか、その学習の効果をも重視している。例えば、授業中に習った中国語を使って中国人の友達と挨拶して通じたときや、中国映画のセリフが聞き取れたときの喜びなどは彼らにとって大きな励みになる。

　これまでの言語学習の動機に関する研究は、主に言語学習の一般的な形式を論じているが、Dornyei（1994）は教室での言語学習という特殊な形式を取り上げ、そこで学習者が①「学習コース」、②「教師」、③学習集団、との関係から生ずる動機づけについて研究している（図8-4）。

　Dornyeiの論説によると、学習コースとの関わりによって生ずる動機には、興味（interest）、関連づけ（relevance）、期待（expectancy）、満足（satisfaction）の4つがある。「興味」とは自己および自己を取り巻く環境についていっそう多くのことを知りたいという欲求や好奇心のことである。「関連づけ」とは、学習を自己の個人的欲求・価値・目標などと結びつけることである。「期待」とは、成功の見こみである。「満足」とは、活動の結果によってもたらされる外発的報酬と内発的報酬である。

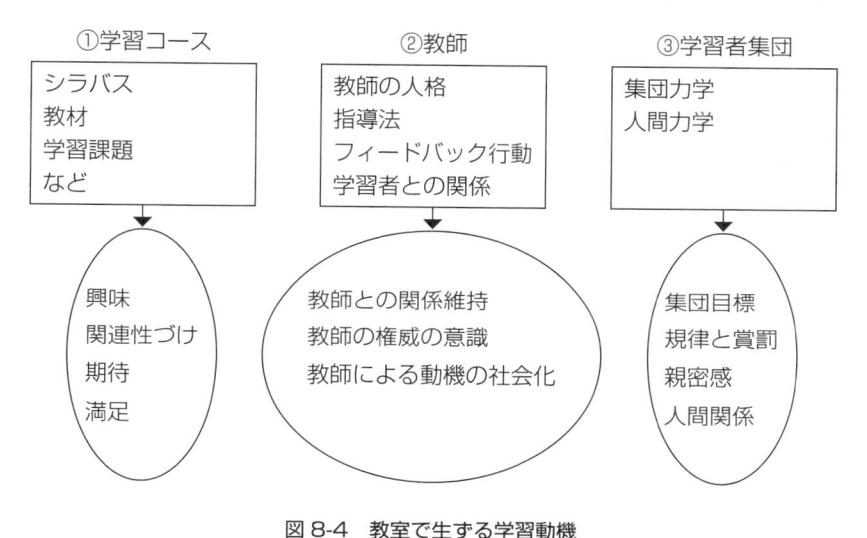

```
    ①学習コース              ②教師                ③学習者集団
┌──────────┐   ┌──────────────┐   ┌──────────┐
│ シラバス    │   │ 教師の人格      │   │ 集団力学    │
│ 教材       │   │ 指導法        │   │ 人間力学    │
│ 学習課題    │   │ フィードバック行動 │   │           │
│ など       │   │ 学習者との関係   │   │           │
└──────────┘   └──────────────┘   └──────────┘
```

```
   ╭──────╮      ╭──────────────╮       ╭──────╮
   │ 興味   │      │ 教師との関係維持 │       │ 集団目標  │
   │ 関連性づけ│      │ 教師の権威の意識 │       │ 規律と賞罰 │
   │ 期待   │      │ 教師による動機の │       │ 親密感   │
   │ 満足   │      │ 社会化        │       │ 人間関係  │
   ╰──────╯      ╰──────────────╯       ╰──────╯
```

図8-4 教室で生ずる学習動機

Dornyei（1994）を参考に作成

　また、教師との関わりによって生ずる動機には、教師を喜ばせるために良い成績をとりたいという「関係維持」動機、学習者の自律性をサポートないし抑圧する「教師の権威に対する意識」、教師がフィードバックなどによって積極的に学習者の動機づけを伸ばしたり刺激を与えたりするという「動機づけの社会化」の3つがある。

　さらに、学習者集団との関わりによって生ずる動機には、外国語学習を行う際に集団と歩調を合わせようとする意識、集団の規律や賞罰にしたがおうとする意識、集団への帰属による安心感や親密感、そして、競争や協同など、集団内の個々人との人間関係、という4つの側面がある。

　このような動機分析によって、学習によい効果をもたらす動機づけを引き起こすための、より具体的な操作が可能になった。例えば、外国語学習不振者（underachievers）とそうでない者を区別する要因は、動機が実用的な目的であれ、楽しみのためであれ、外国語学習と自己の生活との関連性を実感することができたか否かによるという研究結果（縫部、2001）は、上記の「学習コース」の構成要素から解釈できよう。つまり、中国語の学

習を学習者自身の生活と結びつけさせることが大切であろう。また、「教師」の構成要素から、教師のフィードバックが学習者の動機づけに影響があることも見出せる。さらに、「学習者集団」の構成要素から、クラスという集団活動等を通して協同的学習を行うほうが動機づけの向上や学習成果に有効であることもわかる。

8.42　授業中のフィードバックの工夫

　フィードバック（feedback）とは、教育心理学では、「結果についての知識」（情報）と定義されている（依田ほか、1996）。教室での第二言語習得において、この概念はさらに具体的に、学習者の発話に対して教師が与える言語的・非言語的反応と定義される（白畑ほか、1999）。そのうえで、言語習得における相互交流（interaction）の役割を重視する立場から、学習者が相互交流の中でフィードバックを受けることによって、自分が構築した規則が適切かどうかを検証し、修正することができるとし、フィードバックが言語習得において極めて重要な役割を果たすと考えられている。

　フィードバックには、目標言語で成功した結果についての情報提供である「肯定証拠」（positive evidence）（あるいは、肯定フィードバック）と、目標言語で成功しなかった結果についての情報提供である「否定証拠」（negative evidence）（あるいは、否定フィードバック）がある。否定フィードバックの中に、さらに操作方法の異なる2タイプ、①学習者の誤りを文法的に説明して明確に指摘するという「明示的否定フィードバック」（explicit negative feedback）と、②文法説明はせず、誤った文を意味を変えないまま文法的に正しく言い直したり、あるいは、イントネーションを上昇させて誤った文を繰り返し、誤った箇所に気づかせる、という「暗示的否定フィードバック」（implicit egative feedback）、がある。

　外国語教育においては、否定フィードバックは目標言語の学習を促進するか、また促進するとすれば、どんなタイプの否定フィードバックが有効かということが研究の焦点になる。これは、「学生の誤りを指摘したほうがいいのか」「どのように指摘するか」「いつ指摘するか」といった、教師が教育現場で常に悩まされる問題でもある。だが、残念ながら、この問題

について、研究領域ではまだ一定の結論がない。肯定フィードバックのみで十分という見解（例えば、Schwartz & Gubala-ryzak、1992――縫部ほか、2006 より引用）もあれば、学習者が立てた誤った仮説を解除するのに否定フィードバックが必須だという見解（例えば、Bley-Vroman）もある。また、暗示的フィードバックのほうが効果的と見るフランス語学習の研究（Herron & Tomasello、1988――縫部など、2006 より引用）や日本語学習の研究（Koyanagi など、1994――縫部ほか、2006 より引用）もあれば、明示的フィードバックのほうが効果的と見る英語学習の研究（Carroll & Swain、1993――縫部ほか、2006 より引用）もあるのである。

このことは、対象となる文法項目、学習者の特徴などを考慮したうえで、性質の異なるフィードバックを効果的に使い分けながら、学習者の誤りに適切に対処すべきであることを意味している。第5章に取り上げた実践例をみると、実際にフィードバックが多様に使い分けられていることがわかる。

【棒球运动好不好】（p114）の実践例に行われたフィードバック
　　教师：那，谁负责"棒球"？哦，欧天明，你的结果怎么样？
　　欧　：罗培林喜欢打棒球，因为……
　　教师：罗培林你可以提醒他。
　　罗　：好的运动。
　　欧　：他想棒球是好的运动。
　　教师：嗯，这个回答真好！（肯定フィードバック）
　　……
　　罗　：除了马修以外，都大家喜欢滑冰。
　　教师：除了马修以外，大家都喜欢滑冰。对吗？大家都喜欢。
　　　　　（暗示的否定フィードバック）

【评选最佳贺年卡】（p117）実践例に行われたフィードバック
　　教师：贺年卡都做好了吗？　好，现在请大家先来说一说"你的这张贺年卡送给谁？"，"为什么要送给他（她）？

S2 ：我送给我的中国朋友。她是我研究班的朋友，我被她帮助了，为了表示感谢我送给她。
教师：很有道理。她要把贺卡送给研究班的中国朋友，因为得到了她的很大帮助。因为"帮助"是好事情，所以我们不说"被帮助"，可以说"得到帮助"（板书），对啊，因为得到了她的很大帮助，所以要向她表示感谢。（明示的否定フィードバック）
　　　　别的同学呢？……
S3 ：我要把这张贺年卡送给胡老师。
教师：哦，送给我的？谢谢！为什么要送给我？
S3 ：因为今年承蒙她的关照。我感谢您。
教师：哦，承蒙关照。承蒙老师的关照。是吗？我太高兴了。
　　　（肯定フィードバック）
S6 ：我想送给我的朋友，今年他们结婚了，可是我不能去他们的结婚式。
教师：哦，是这样，你不能参加他们的结婚典礼。
　　　（暗示的否定フィードバック）

　近年、教育心理学では、上述のような言語形式に焦点をおいたフィードバックではなく、言語学習の結果に重点をおいたフィードバックが強調されるようになっている。学習の結果のフィードバックとして、同じ意味内容の評価が、成功焦点型にも失敗焦点型にもなり得る。例えば、10問の課題に3問を正解し、7問を間違えた学習結果に対して、「君は7問も間違ったね」や「今度間違いを7問以下にしてね」などのフィードバックは「失敗焦点型」となる。これは、失敗やネガティブな結果に焦点に当てたフィードバックである。いっぽう「君は3問正解したね」や「今度は正解を3問以上にしてね」などのフィードバックは「成功焦点型」になる。これは、成功やポジティブな結果に焦点に当てたフィードバックである。そのうち「成功焦点型」フィードバックのほうが学習者の動機づけを促進することが教育心理学上で検証されている（村山、2003）。すなわち、評価者のわずかなことば遣いや配慮で、学習者の意欲が高まる可能性が示唆されているわけである。このような理論の実践は中国語学習の現場に対しても

大きな意義があると考えられる。

【第8章注】

[注1] 独立した2つの変数の関連性を検定する場合には「χ^2検定（chi-square test）」（通常、「かいじょうけんてい」と読む）を用いる。本研究では、「自己評価」の実施（変数1）と、「できる力」のレベル（変数2）との関係性の有無について検定した。その操作方法として、表8-2のように、2つの変数に属するそれぞれのカテゴリの分類による分類表（クロス集計表）が作成され、これをもって、互いに独立しているかどうかを調べるのである。

【第8章参考文献】

1. 辰野千寿・高野清純・加藤隆勝・福沢周亮　1986　『多項目　教育心理学辞典』　教育出版
2. Oxford, R. L.　1990　*Language learning strategies: What every teacher should know.*　Boston: Heinle & Heinle　（邦訳『言語学習ストラテジー：外国語教師が知っておかなければならないこと』、宍戸通庸・伴紀子訳、1994、凡人社）
3. O'Malley, J. M. & Chamot　1990　*Learning strategies in second language acquisition.*　Cambridge University Press.
4. 大学英語教育学会　学習ストラテジー研究会　2006　『英語教師のための「学習ストラテジー」ハンドブック』　大修館書店
5. 竹内理　2003　『より良い外国語学習法を求めて——外国語学習成功者の研究』　松柏社
6. Flavell, J. H.　1976　Metacognitive aspects of problem solving,.　In Resnick, L.(ed.), *The nature of intelligence.*　Lawrence Erlbaum Associates
7. Brown, A. L.　1978　Knowing when, where, and how to remember: A problem of metacognition.　In Glaser, R.(ed.), *Advances in instructional psychology.*　Lawrence Erlbaum Associates.
9. 市川伸一　2000　『勉強法が変わる本——心理学からのアドバイス』　岩波書店
10. 胡玉華・宇野忍　2004　「大学生の中国語の学習方法に関する実態調査」　國學院大學紀要『國學院雑誌』105巻第4号
11. 市川伸一　1991　『認知カウンセリングの構想と展開』『心理学評論』第32巻

12. 市川伸一　1993　『学習を支える認知カウンセリング——心理学と教育の新たな接点』　ブレーン出版
13. 胡玉華　2004a　「中国語学習における文法まとめの指導が及ぼす学習効果」、『教授学習心理学研究会研究報告』第4号
14. 小柳かおる　2004　『日本語教師のための新しい言語習得理論』　スリーエーネットワーク
15. 廖伊庄　1996　「千葉工業大学学生の中国語履修意識と学習現状についての一考察」、『千葉工業大学研究報告　人文編』第33号
16. 水原寿里　1997　「大学における中国語学習者の諸問題に関する一考察——第一外国語および第二外国語として中国語を履修する学習者の実態調査より」、『文化女子大学紀要　人文・社会科学研究』第5巻
17. 胡玉華　2004b　「大学の中国語履修者の学習意識についての実態調査」、『駒澤大学外国語部論集』第61号
18. 堀野緑・市川伸一　1997　「高校生の英語学習における学習動機と学習方略」、『教育心理学研究』第45巻
19. Dornyei, Z.　1994　'Motivation and motivation in the foreign language classroom', *Modern Language Journal*, 78, 3.
20. 縫部義憲　2001　『日本語教師のための外国語教育学』　風間書房
21. 依田新監修　1996（初版1977）『新・教育心理学事典』（机上版）　金子書房
22. 白畑知彦・富田祐一・村野井仁・若林茂則　1999　『英語教育用語辞典』　大修館書店
23. 縫部義憲・迫田久美子　2006　『講座・日本語教育学　第3巻　言語学習の心理』　スリーエーネットワーク
24. 村山航　2003　「『学ぶ意欲』を促進する『成功焦点型評価』」、『日本教育心理学会第45回総会発表論文集』

後書き

　本書は、日本学術振興会平成19・20年度科学研究・基盤研究C（課題番号：19520527）の研究結果をもとにまとめたものです。
　言うまでもなく、学習者の「学ぶ」行為がなければ、教育者の「教える」行為は存在しません。本書で報告した中国語教授法に関する研究も、実験授業や教室活動に参加してくれた学習者の皆さんがいなければ、とうてい成り立ち得ないものでした。そこで、まず第一に、中国語の授業に一所懸命とりくんでくれた受講生の皆さんに、心からの感謝をささげたいと思います。本書第5章に紹介した「手作りの年賀状」の掲載の可否を問い合わせたところ、ある学生さんから次のような返事が届いたのは、とてもうれしいことでした。

　　実家で、中国の年賀状はどんなものなのかをネットで検索し、色々新年を祝う常套句を探し苦心して作りました。せっかくの機会だからと、色々調べたおかげで、中国の文化に触れることができた宿題でした。和中折衷にしようと、色合いや模様、随所にちりばめた祝いの文句は中国風、干支であるねずみは日本風と、工夫を凝らした力作です。研究著書を出版されるに当たって、実践例として附録されたいとのことでしたが、お役に立てるようでしたら、使ってくださってかまいません。前述したように、自信作なので（イラストの部分はですが……。文章は間違ってましたね……）、名前を出していただいてもかまわないくらいです（笑）。

次に、中国語授業の種々の試みに最適の環境を創っていただいた立命館大学中国語部会の先生がた、特に教科書編集グループのメンバーの皆さまにお礼を申し上げます。また、研究の成果を発表し、同じ関心をもつ先生がたとの交流や研鑽を可能にしてくれた最も重要な場のひとつが、中国語教育学会でした。この分野の発展のために尽力しておられる会長の古川裕先生から、ひごろの学会でのご配慮とご指導に加え、今回、本書に対しても身にあまる序文を賜わりましたことを、たいへんありがたく思っております。

　本書の作成にあたっては、駒澤大学の小川隆先生から、ひとかたならぬご助力にあずかりました。わたしが東京で非常勤講師をしていた頃、中国語教育に関する愉快で手ごわい討論相手であった小川先生は、今回、本書の原稿を通読して日本語の表現を整え、内容についても多くの有益な助言をしてくださいました。小川先生への感謝の気持ちは、決して言葉で表現しきれるものではありません。

　最後に、本書の出版を快くお引き受けくださった東方書店に、深く感謝の意を表します。特にコンテンツ事業部の川崎道雄さん、舩山明音さんは、こちらの意図と事情をよくご理解くださり、丹念に編集・刊行の実務を進めてくださいました。

　個人的な教育実践にもとづくささやかな研究報告ではありますが、ほかにも多くの皆さまのお世話になりました。本書が現場で活躍しておられる"同行"の先生がたとの議論や協力をひろげてゆく"抛砖引玉"の書物になれたらと、切に願ってやみません。

2009 年 1 月

胡　玉華

索　引

Can-do　53, 55
comprehensible input　131
Focus on Form（FonF）　127, 140, 141
Focus on Forms　127, 140
Focus on Meaning　127
Methodological Approach　69
Notional-Functional Approach　69

[あ]

アーミー・メソッド（ASTP、Army Specialized Training Program、陸軍特別訓練プログラム）　3, 4
アウトプット仮説（Output Hypothesis）　131
アプローチ（approach、考え方）　v, ix, x, 4, 5, 16, 18, 19, 20, 22, 26～28, 49, 52, 65, 66, 68～71, 74～77, 88, 89, 127, 129, 141
暗示的否定フィードバック（implicit negative feedback）　172～174
意味重視型シラバス　8, 9
意味を伴う練習（meaningful drill）　126
インプット仮説（Input Hypothesis）　131, 141
教え方　2, 3, 16, 18, 19, 45, 64, 68, 69, 76, 77
オーディオリンガル教授法（AL法、Audio-Lingual Approach）　iii, ix, x, 4, 16, 20, 26, 28, 30, 32～34, 41, 68, 81
オーラル・アプローチ（Oral Approach）　4, 127
オーラル・メソッド（Oral Method、口頭教授法）　3
音声依拠型音読　v, 148, 149
音読（oral reading）　v, 17, 144～149, 152～154, 164

[か]

外発的動機づけ（extrinsic motivation）　168, 169
学習ストラテジー（strategy、学習方略）　v, x, 156～159, 163, 175, 176
仮想の教示　165～167
漢字依拠型音読　147～149
機械的な練習（mechanical drill）　33, 126
擬似コミュニケーション活動（Quasi-communicative activity）　80, 81
機能重視型シラバス　10
機能シラバス（Functional Syllabus）　6, 10～12, 14, 52
技能シラバス（Skill Syllabus）　6, 8
機能的活動（Functional activity）　80, 81, 88
教室活動　v, ix, 71～74, 76, 80, 81, 96, 126, 177
言語ゲーム（language game）　v, ix, 80～82, 85

構造重視型シラバス　6, 16
構造シラバス（Structural Syllabus）　6, 14
構造的活動（Structural activity）　80, 81
肯定フィードバック（positive evidence、肯定証拠）　172～174
個人読み（individual reading）　146
コミュニカティブ・アプローチ（Communicative Approach）　v, ix, x, 5, 22, 65, 68～71, 74～77, 88, 129, 141
コミュニケーション活動（Communicative activity）　32, 57, 74, 80, 81, 95, 96, 129
コミュニケーション能力（communicative competence、伝達能力）　ii, iii, viii, ix, 5, 10, 31, 33, 48, 49, 51～53, 57, 65, 68, 69, 74, 75, 98, 123, 127, 129, 131, 136, 139, 141, 144, 160, 161, 168
コミュニティ・ランゲージ・ラーニング（CLL、Community Language Learning）　4
コーラス・リーディング（chorus reading）　145
コンテンツ・シャドーイング（content shadowing）　153

[さ]
サイレント・ウェイ（Silent Way）　4, 68
サジェストペディア（Suggestopedia、暗示式教授法）　4, 68
自己評価　53, 54, 137, 139, 153, 160, 162, 163, 175

失敗焦点型フィードバック　174
シナリオプレイ（scenario play）　v, ix, 110～112
シミュレーション（simulation）　v, ix, 5, 76, 113, 114, 116～118, 123
社会言語的能力（sociolinguistic competence）　49, 50
社会・情意ストラテジー（social-affective strategy）　156, 158, 159, 167
社会的相互活動（Social interaction activity）　80, 81, 95, 110, 113
シャドーイング（shadowing）　v, 149～154
自由選択（choice）　71, 73, 96
情報の欠落（information gap）　71, 72
シラバス（syllabus）　iii, 6～16, 28, 32, 52, 55, 57, 68～70, 76, 77, 88, 128, 171
制限された活動（Controlled activity）　80
成功焦点型フィードバック　174, 176
宣言的知識　20～22
前段階的コミュニケーション活動（Pre-communicative activity）　80, 81
相互交流仮説（Interaction Hypothesis）　89
創造的活動（Creative activity）　80

[た]
ダイレクト・メソッド（Direct Method、直接教授法）　iii, ix, x, 3, 19, 26, 27, 30～32, 34, 41, 68
タスク（task）　ix, 5, 6, 10, 13, 14,

41, 74, 76, 80, 81, 88〜96, 99, 100, 102, 103, 108, 109, 111, 112, 114, 123, 128, 141, 154, 162
タスク・シラバス（Task Syllabus） 6, 10, 13, 14
タスク中心教授法（task-based instruction、task-based language teaching） 88, 89, 114
談話能力（discourse competence） 49, 50
チェッキング・ストラテジー 159, 160, 162, 163
定着練習 32, 126
「できる」力 ix, x, 20, 21, 42, 43, 48, 51, 63, 68, 70, 76, 80, 126〜128, 130, 132, 140, 156, 160, 162, 163
テクニック（technique、技術） 16, 18〜20, 26〜28, 30, 41, 45, 69, 77, 127, 150〜152, 162
手続き的知識 20〜22
転移活動 126
動機づけ（motivaiton） 97, 167〜172, 174
道具的動機づけ（instrumental motivation） 168, 169
統合的動機づけ（integrative motivation） 168, 169
トータル・フィジカル・レスポンス（TPR、Total Physical Response、全身反応教授法） 4, 5
ドリル（drill） 29, 33, 69, 73, 80, 81, 88, 126, 153

[な]

内発的動機づけ（intrinsic motivation） 168, 169

ナチュラル・メソッド（Natural Method、自然主義教授法） 3
認知ストラテジー（cognitive strategy、学習方法） 137, 145, 147, 154, 156〜160, 163, 164, 175

[は]

場面シラバス（Situational Syllabus） 6, 10, 11, 14
場面つき学習 v, 129, 132, 136, 137, 140
パラレル・リーディング（parallel reading） 145, 146, 152
否定フィードバック（negative evidence、否定証拠） 172〜174
フィードバック（feedback） 70, 71, 73, 74, 89, 97, 98, 105, 128, 131, 134, 171〜174
フォネティック・メソッド（Phonetic Method、音声学的教授法） 3
プランニング・ストラテジー 158〜160
フリーズ・メソッド（Fries Method） 4
プロソディ・シャドーイング（prosodic shadowing） 152, 153
文法シラバス（Grammatical Syllabus） 6, 14
文法能力（grammatical competence） 5, 49, 127
文法訳読教授法（Grammar Translation method） iii, ix, x, 2, 3, 17, 18, 26, 27, 30〜34, 41, 68
方略的能力（strategic competence） 49, 51

[ま]

ミシガン・メソッド（Michigan Method）　4

明示的否定フィードバック（explicit negative feedback）　172, 174

メソッド（method、教授法、指導法）　iii, v, ix, x, 2～5, 16～20, 22, 26～28, 30～34, 41, 44, 45, 49, 68, 69, 71, 76, 77, 81, 88, 123, 127, 140, 141, 144, 154, 171

メタ認知ストラテジー（metacognitive strategy）　156～160

モニタリング・ストラテジー　159, 160

[ら]

リード・アンド・ルックアップ（read and look-up）　146

レシテーション（recitation、暗唱）　146

ロールプレイ（role play）　v, ix, 5, 69, 76, 80, 81, 95～98, 101, 103, 107, 108, 110, 111, 123, 159

[わ]

「わかる力」　ix, 20, 21, 41, 42, 43, 49, 51, 68, 80, 126, 127, 130, 132, 140, 156

話題シラバス（Topic Syllabus）　6, 8, 9

著者略歴

胡 玉華（こ ぎょくか）

中国上海市出身。1985年華東師範大学教育学部卒。同大専任講師を経て、1993年来日。1999年、東北大学大学院教育学研究科教育心理学博士課程修了。2001年博士（教育学）。駒澤大学・日本女子大学・國學院大學等の中国語非常勤講師を経て、2005年より立命館大学法学部中国語常勤講師。専門は教育心理学・中国語教育学。主な著書・論文に、『0～6歳現代幼児語言訓練教程』（中国・明天出版社、1987年）、「幼児の図形概念学習を促進するための事例提示法に関する教育心理学的研究——三角形・四角形概念を対象にして」（博士論文、2000年）、「コミュニケーション能力の育成を目指した授業づくり——中国語授業における「場面付き学習」の試み」（中国語教育学会『中国語教育』、2008年）、『コミュニカティブ中国語　LEVEL 1』（共著、郁文堂、2007年）、『コミュニカティブ中国語　LEVEL 2』（同前、2008年）などがある。

中国語教育とコミュニケーション能力の育成
────「わかる」中国語から「できる」中国語へ

2009年3月20日　初版第1刷発行

著　者●胡玉華
発行者●山田真史
発行所●株式会社東方書店
東京都千代田区神田神保町1-3 〒101-0051
電話（03）3294-1001
営業電話（03）3937-0300
振替 00140-4-1001

装　幀●向井裕一
印刷・製本●倉敷印刷株式会社

定価はカバーに表示してあります

© 2009　胡玉華　　Printed in Japan
ISBN978-4-497-20903-0　C3087
乱丁・落丁本はお取り替えいたします。恐れ入りますが直接小社までお送りください。

®本書を無断で複写複製（コピー）することは、著作権法上での例外を除き、禁じられています。
本書をコピーされる場合は、事前に日本複写権センター（JRRC）の許諾を受けてください。
JRRC〈http://www.jrrc.or.jp　Eメール：info@jrrc.or.jp　電話：03-3401-2382〉
小社ホームページ〈中国・本の情報館〉で小社出版物のご案内をしております。
http://www.toho-shoten.co.jp/